Lotte Bormuth

Segensströme im Alltagsgrau

francke

Über die Autorin:

Lotte Bormuth ist eine der erfolgreichsten christlichen Autorinnen Deutschlands. In über 80 Buchtiteln hat sie mit Lebensbildern und eigenen Erlebnissen vielen Menschen Trost, Freude und Glaubensmut vermittelt. Sie hat fünf Kinder und 15 Enkel und lebt mit ihrem Mann in Marburg.

Bibliografische Information Der Deutschen Bibliothek
Die Deutsche Bibliothek verzeichnet diese Publikation in der Deutschen Nationalbibliografie;
detaillierte bibliografische Daten sind im Internet
über http://dnb.ddb.de abrufbar.

ISBN 978-3-86827-277-2

35037 Marburg an der Lahn
Umschlagbild: © shutterstock / suwatpo
Umschlaggestaltung: Verlag der Francke-Buchhandlung GmbH / Christian Heinritz
Satz: Verlag der Francke-Buchhandlung GmbH
Druck und Bindung: CPI Moravia Books, Korneuburg

www.francke-buch.de

Inhaltsverzeichnis

Der Ansturm war unglaublich

Nie und nimmer hätte ich gedacht, dass nach einer Ausstrahlung meiner Sendung im Evangeliumsrundfunk solch ein Ansturm erfolgen würde. Pastor Horst Marquardt, der frühere Direktor, hatte mich zu einem Interview eingeladen, und dieser Aufgabe bin ich gerne gefolgt. Aber kaum war mein letzter Satz in der Abendsendung verklungen, da läutete auch schon kurz nach Mitternacht das Telefon. Es riss mich um 0 Uhr 17 aus dem Schlaf. Was nun folgte, hätte ich nie und nimmer erwartet. Vier Tage kam ich nicht vom Telefon weg. Aus Ost und West, aus Nord und Süd erreichten mich die Anrufe. Sogar aus Luxemburg und der Schweiz suchten Menschen den Kontakt mit mir. Einige wollten mir nur ein herzliches Dankeschön sagen, andere baten mich um ein Gebet, Kranke brauchten Trost und Schwermütige neue Hoffnung. Es gab viele Anfragen von den Zuhörern, ob sie denn ein Buch von mir haben könnten. Meinem Mann fiel die schöne Aufgabe zu, Päckchen um Päckchen zu packen. Pastor Marquardt hatte meine Telefonnummer am Ende der Sendung angegeben und darauf hingewiesen, dass ich Schriftstellerin sei.

Ich war jedenfalls von dem Ansturm überwältigt, dabei hatte ich in dem Interview gar nichts Besonderes erzählt, sondern nur berichtet, wie Jesus mich in meinem

Leben geführt hat. Aber wahrscheinlich ist dies gerade das Besondere. Ich lebe in der Gemeinschaft mit dem Gottessohn, und er begleitet mich als der beste Freund durch Höhen und Tiefen, so wie das Leben spielt.

Pastor Marquardt kenne ich sehr gut schon von den Anfängen des Evangeliumsrundfunks her. Wie gering fing dieser Missionsauftrag an. In einem ausgebauten Schuppen habe ich meine erste Sendung gesprochen. Heute ist der Evangeliumsrundfunk weltweit bekannt. Zu Beginn meiner Ehe wurde ich eine eifrige Mitarbeiterin vor allen Dingen beim Frauenfunk. Unter Frau Thielemann wurde fast jede Woche ein Bericht von mir ausgestrahlt, und das hat mich, wie ich erst später erfahren habe, vor allem in der DDR bekannt gemacht. Hörer baten mich, ob ich ihnen meine Bücher schicken könnte, denn christliche Literatur war im Osten Mangelware. Aber ich konnte immer nur ein Buch verpacken und musste einen Zettel einlegen, dass der Versand einer christlichen Schrift durch Erich Honecker, den Staatsratsvorsitzenden in der DDR, erlaubt sei. Zeitaufwendig war diese Aufgabe, und die einzelnen Bücherpakete musste ich von verschiedenen Postämtern aus versenden.

Durch die Wende wurde vieles verändert. Wir sind wieder, Gott sei Dank, ein Volk geworden, und meine Bücher werden gerade in den Neuen Bundesländern gerne gelesen. Seit dem Zusammenschluss von Ost und West darf ich die Frohe Botschaft von Jesus überall verkündigen. Jedes Mal, wenn ich über die frühere Grenze fahre und an dem hohen Beobachtungsturm hinter Hof vorbeikomme, spreche ich ein Gebet und danke meinem Herrn für die Zusammenführung zweier deutscher Staaten. Aus der Mark Brandenburg, aus Thüringen, aus Sachsen und Mecklenburg erreichten mich viele Telefonanrufe. Aber nun will ich einfach erzählen, was ich in dieser Sendung ausgesprochen habe.

In meinem Leben als Schriftstellerin und Rednerin habe ich viele wunderbare Erfahrungen gemacht. Es gibt ein Lied, das mich schon früh angesprochen hat und seitdem begleitet: „Wir sind ein Volk vom Strom der Zeit gespült, ans Erdeneiland." Dort heißt es im Refrain: „Es ist das Kreuz von Golgatha, Heimat, für Heimatlose." Ich habe als junger Mensch sehr darunter gelitten, dass wir Flüchtlinge waren, von Bessarabien, dem Land am Schwarzen Meer, umgesiedelt. Fruchtbar waren die Felder mit mehr als einem Meter Humuserde.

Das Düngen der Äcker war nicht nötig. Das Getreide wuchs auch ohne Kalkstickstoff und andere Düngemittel. Später landeten wir in Polen, und mein Vater baute sich eine neue Existenz auf.

Leider dauerte der Aufenthalt im Kreis Krotoschin nicht sehr lange. Die russische Front rückte näher, und schon am 19. Januar 1945 hieß es wieder, die Zelte abzuschlagen und sich auf eine Reise zu begeben, von der wir nicht wussten, wo sie hinführen würde. Zwei offene Ackerwagen wurden mit sechs Pferden bespannt. Vor allen Dingen hatten wir Hafer geladen. Sonst wurde nur das Allernötigste mitgenommen. Wir Kinder und unsere kranke Mutter saßen auf den Säcken, und es war unser Glück, dass im letzten Augenblick vor der Abfahrt unsere Magd Krulka meiner Mutter die Federbetten zuwarf. Draußen war es eisig kalt. Das Thermometer zeigte minus 20 Grad an. Die Straßen waren schneebedeckt und sehr glatt. Die Angst saß uns im Nacken. Würden die Pferde uns vor den russischen Panzern bewahren können? Hinter uns dröhnten die Kanonenschüsse und über uns kreisten die Tiefflieger. Fast ein halbes Jahr dauerte unser Fluchtweg, bis wir schließlich im Hessenland Zuflucht fanden. Aber wir blieben über Jahre sehr arm, und der Verlust der Heimat hat mir schon als Kind stark zu schaffen gemacht. Aber das wurde meine tröstliche Erfahrung: Gott hat uns nie aus den Augen verloren, und wir blieben unter seinem Schutz.

Es war unser Glück, dass wir bei Familie Becker in Breitenbach bei Bebra aufgenommen wurden. In diesem Hause fanden jede Woche Bibelstunden statt, und wir wurden dazu eingeladen. Eines Tages erzählte mir Opa Becker, ich könnte im Nachbarort Weiterode an einer Freizeit teilnehmen. Unter der Verkündigung des biblischen Wortes brach in mir die Sehnsucht nach Gott auf.

Als das Lied mit dem Refrain „Es ist das Kreuz von Golgatha, Heimat, für Heimatlose“ gesungen wurde, zog es mich mit aller Macht hin zu Gott. Mir wurde bewusst: Unter dem Kreuz finde ich Heimat bei Jesus, dem Gottessohn. Er ist mein Herr, mein Heiland und Erlöser, er nimmt mich in seine Gemeinschaft auf. Er bietet mir, was mir in dieser Welt kein Mensch bieten kann: Heimat in dieser Zeit und Heimat in Ewigkeit. Und das hat mich unheimlich froh und glücklich gemacht. So habe ich diese Bedrückung, unter der ich als Kind gelitten habe, überwunden. Seitdem bin ich Christ.

Aber diese irdische Heimatlosigkeit wurde ja nicht durch das Lied aufgehoben, sondern ich ging in die alten Verhältnisse zurück und lebte weiter unter notvollen Bedingungen. Doch ich hatte jetzt einen Ort, wo ich mich zu Hause fühlen konnte, das Kreuz Jesu Christi. In dieser Zeit fing ich an, die Bibel zu lesen und freute mich, dass ich in den christlichen Jugendkreis für EC (Entschieden für Christus) eingeladen wurde. Ich habe Erfahrungen mit Jesus machen dürfen, und das hat mir geholfen. Auch meine Großeltern waren gläubige Christen. Über den Glauben meiner Eltern möchte ich mir kein Urteil erlauben; aber sie gingen gerne in die Bibelstunde bei unserem Hauswirt und besuchten auch jeden Sonntag den Gottesdienst. Aber das weiß ich genau: Im Laufe ihres Lebens haben sie durch schwere Wegführungen den Halt in Jesus gefunden. Es ist meine größte Freude, dass ich gerade am Ende des Lebens erfahren konnte, wie mein Vater zu Jesus gefunden hat. Er hat mit mir nie viel über den Glauben gesprochen, aber er liebte die christlichen Lieder und hat sie gerne auf dem Klavier gespielt. „Jesu, geh voran“ war sein Lieblingslied. Diesen Choral habe ich ihm gerade in seiner schweren Krankheitszeit oft vorgesungen. In Bessarabien hatte er zeitweise die Aufgabe eines Küsterlehrers übernommen und selbst Lesegottesdienste gehalten.

Als er kurz vor den Toren der Ewigkeit stand, lasen wir ihm den 23. Psalm vor, der mit den Worten beginnt: „Der Herr ist mein Hirte, mir wird nichts mangeln.“ Wie gewinnt auch gerade der Vers an Bedeutung: „Und ob ich schon wanderte im finsteren Tal, fürchte ich kein Unglück; denn du bist bei mir, dein Stecken und Stab trösten mich.“ Ich wollte danach ein Gebet sprechen, aber nun faltete Vater selbst seine Hände und betete: „Herr Jesus Christus, nimm mich auf in dein Reich. Bleib du Herr über meiner Familie und wirke, dass Kinder und Kindeskinder auf deiner Spur wandeln ihr Leben lang.“ Das war für mich das schönste Erlebnis mit meinem Vater, ihn so beten zu hören. Ich denke, Gott hat gerade die Stunde seines Todes dazu benutzt, mir diese tröstliche Gewissheit zu schenken, dass ich meinen Vater in Gottes Herrlichkeit aufgenommen wusste. Er war nun bei Jesus zu Hause, und in der Ewigkeit würden wir uns wiedersehen. Ich habe meinen Vater sehr geliebt, und ich hatte zu ihm ein herzliches und inniges Verhältnis. Seine Krebserkrankung hat mich oft traurig gemacht. Aber umso mehr danke ich meinem Herrn für dieses wunderbare Erleben.

Oft denke ich an das Leben meines Vaters zurück. Er war Professor, hatte in Leipzig Agrarwissenschaft studiert und war dann in Bessarabien Direktor eines großen landwirtschaftlichen Instituts mit mehreren tausend Hektar Land, das dem rumänischen Königshof unterstellt war. Von diesem Gut hatte der König Wein, Getreide, Obst, Fleisch und Milcherzeugnisse bezogen. Nun aber, nach Kriegsende, kam eine enorme Veränderung in das Leben meines Vaters. Wir sind mit sechs Pferden geflüchtet, und nun musste er sehen, wie er seine große Familie durchbrachte. Zwei Pferde wurden uns auf der Flucht gestohlen, ein Pferd verkauften meine Eltern, um die Aussteuer für ihre älteste Tochter zu beschaffen. Als dann ihre Verlobung platzte, reagierte Vater recht ärgerlich. Er zeigte auf die Bettwäsche und sagte zu Mutter: „Da liegt nun unser Schimmel!" Mit den drei übrig gebliebenen Pferden hat er für die Kleinbauern Mist und Jauche gefahren, ihre Äcker gepflügt und ihre Ernte eingebracht. Er fuhr auch in den Wald, schleifte Baumstämme aus dem Dickicht und holte Brennholz für die Bevölkerung aus Bebra und den umliegenden Orten. Aber der Verdienst blieb über Jahre gering.

Eines habe ich von meinem Vater gelernt, und das ist mir bis heute wichtig geblieben: Arbeit schändet nicht. Mein Vater hätte diese Plackerei auf den Feldern nicht leisten können, wenn ihm Mutter nicht beigestanden hätte. Sie entstammte einem reichen Bauernhof und hatte schon als junges Mädchen alle landwirtschaftlichen Arbeiten verrichtet. Sie war es, die meinem Vater zeigte, wie man die Pferde anspannt, wie man pflügt, eggt und mäht. Vater hatte ja als Professor nie körperlich gearbeitet, sondern hatte eine Lehrtätigkeit ausgeübt. Auf der Flucht hat er die Pferde auch nicht selbst lenken müssen. Zwei Knechte begleiteten uns auf dem Weg und retteten so unser Leben vor den russischen Panzern. Für meine Eltern waren die Jahre nach 1945 sehr arbeitsintensiv, und schon wir Kinder mussten tüchtig zupacken. Das war nicht immer leicht, aber geschadet hat es uns nicht.

Eigentlich haben wir ja zwei Mal unser Zuhause verlassen müssen, zunächst in Bessarabien und dann in Polen. Die Umsiedlung war für uns Kinder zunächst ein wahres Abenteuer. Den Ernst der Lage begriffen wir ja noch nicht. Mit Pferdewagen, Bahn und Schiff auf der Donau gelangten wir erst in ein Lager. Dort wären wir aber beinahe verhungert, weil uns viel zu wenig Lebensmittel zugeteilt wurden. Mit über 200 Menschen hausten wir in riesigen Fabrikhallen, Männlein und Weiblein unter einem Dach. Nachts, wenn wir eigentlich schlafen sollten, quälte uns der Hunger, und oft jammerten wir: „Mutter, ich will Brot." Aber auch diese schreckliche Zeit, in der wir hinter Stacheldraht eingesperrt waren, haben wir überlebt und kamen dann in den sogenannten Warthegau. Hier blieben wir nur dreieinhalb Jahre. Die russische Front rückte näher, und in einer sternklaren Nacht verließen wir unser großes Gut, das Vater bewirtschaftete.

Es war eine gefährliche Fahrt. Die Wege waren vereist und die Trecks kamen nur im Schneckentempo auf den

Straßen voran, weil das zurückflutende Militär immer vor den Flüchtlingswagen Vorrang hatte. Mein Vater wählte dann meist Nebenstraßen und mied auch die großen Städte. So blieben wir von den Bombenabwürfen durch die feindlichen Flieger verschont und konnten am 13. und 14. Februar Dresden umfahren, das ja durch die Amerikaner und Engländer in Schutt und Asche gelegt wurde. Aber auch in unserem Treck fuhr der Tod mit. Meine Mutter war hochschwanger auf die Flucht gegangen und wurde unterwegs von einem kleinen Mädchen entbunden. Leider konnte sie das Baby vor lauter Schwachheit nicht stillen, und so musste unsere Erika – so nannten wir unser Geschwisterchen – schließlich verhungern, denn es fehlte uns an Milch. Überall herrschte so kurz vor Kriegsende ein schreckliches Chaos. Nach nur wenigen Tagen mussten wir den Leichnam unseres Lieblings in die fremde Erde betten. Der Tod von Erika – sie war ein so schönes Baby – hat mich unsagbar traurig gemacht, und ich weinte viele Tränen. Zum ersten Mal hatte ich ein kleines Kind sterben sehen. Nun war mein Schwesterchen tot, auf das ich mich so gefreut hatte.

Wir versuchten zunächst, im Südharz irgendwo Unterschlupf zu finden. Aber dann wurden Sachsen und Thüringen der russischen Besatzung übergeben. Als wir davon hörten, begaben wir uns wieder auf die Reise und fuhren nach Hessen, das unter amerikanischer Besatzung stand. Die Angst vor dem Kommunismus veranlasste uns dazu. Wir hatten die sowjetische Herrschaft schon einmal in Bessarabien erlebt, als sie nach Rumänien eindrang, und ahnten, was an Grausamkeit und Unterdrückung auf uns zukommen könnte. Viele Flüchtlinge, die aus der Gegend des Schwarzen Meeres stammten, wurden nämlich nach Sibirien abtransportiert. Solch einem Schicksal wollten wir entgehen. Unterwegs hatte mein Vater eine Flüchtlingsfamilie gefragt: „Wo wollt ihr denn hin?“ Sie antworteten ihm: „Nach Bebra, Hessen.“ Als er dann bei der amerikanischen Kommandantur eine Erlaubnis für die Weiterfahrt beantragte und der Soldat ihn fragte, wo er denn mit seiner Familie hinwollte, fiel ihm ein: „Bebra, Hessen.“ So sind wir ins Hessenland gekommen und haben zunächst bei einem Gutsbesitzer für kurze Zeit Aufnahme gefunden. Meine Eltern waren bereit, mit den Pferden auf den Feldern die Ernte einzubringen; denn es war uns sehr wichtig, dass wir auch für unsere Pferde eine Bleibe fanden. Waren sie doch das einzige Gut, das uns noch verblieben war.

Für mich gab es einen Neubeginn auch in schulischer Hinsicht. Nachdem einige Monate nach Kriegsschluss der Unterrichtsbetrieb wieder aufgenommen wurde, ging ich in Breitenbach bei Bebra in die Volksschule. Danach bestand ich auch die Aufnahmeprüfung für das Gymnasium in Rotenburg an der Fulda. Ich weiß noch ganz genau, dass ich im Diktat einen gravierenden Fehler gemacht und Abenteuer mit d geschrieben habe. Da habe ich wohl an „Abend“ gedacht. Aber ich habe trotzdem die Prüfung gut geschafft. In der Jakob-

Grimm-Schule in Rotenburg habe ich dann auch mein Abitur gemacht.

Die Entscheidung, was ich studieren sollte, ist mir nicht leichtgefallen. Aber weil ich durch Jesus so fröhlich im Glauben geworden war, wollte ich unbedingt Gott dienen. An Heiraten dachte ich nicht. Damals gab es in den christlichen Jugendverbänden nur wenig junge Männer, und ich wollte nur einen gläubigen Lebenspartner an meiner Seite haben. Da aber die Schönen den Vorrang hatten, rechnete ich mir keine Chance auf Ehe und Familie aus. Weil ich die Botschaft von Jesus anderen Menschen verkündigen wollte, begann ich in Marburg an der Lahn mit dem Studium der Theologie. Hier folgte für mich eine anfechtungsreiche Zeit; denn in der theologischen Fakultät begegneten mir damals auch Professoren, die sehr kritisch gegenüber dem christlichen Glauben waren.

Mir waren Jesus und sein Wort wichtig, ja heilig. Und nun erfuhr ich, dass das biblische Wort so zerpflückt und kritisch hinterfragt wurde. Mir aber hat es geholfen, dass ich in der Studentenmission ein warmes Nest finden konnte. Wir waren oft in fröhlicher Runde beisammen, lasen die Bibel und beteten. Es war uns auch ein Anliegen, andere Studenten ins Boot Jesu Christi zu holen. Das hat meinen Glauben gestärkt und mir inneren Halt gegeben.

Das Studium wurde mir noch in anderer Beziehung bedeutsam. Wenn man Theologie studiert, muss man zunächst Latein, Griechisch und Hebräisch lernen. Das große Latinum hatte ich schon auf dem Gymnasium absolviert und so begann ich zunächst mit Hebräisch, das ich unbedingt in einem Semester schaffen wollte. Dazu musste ich mich mächtig anstrengen. Aber dies gelang mir durch eine wunderbare Führung Gottes. Ich erinnere mich noch sehr gut an einen herrlich sonnigen Tag im Mai 1955. Ich saß auf einer Bank vor dem Universitätsgebäude, die um eine stattliche Linde herum gebaut war. Ein Kapitel aus dem Buch Josua versuchte ich ins Deutsche zu übersetzen. Aber es wollte mir nicht gelingen, einen brauchbaren Text zu formulieren. Neben mir hatte ein Student Platz genommen. Ich war ihm schon einmal im Theologenbibelkreis begegnet. Als er sah, dass ich verzweifelt im Wörterbuch blätterte, fragte er mich: „Na, Fräulein Hannemann, haben Sie Schwierigkeiten mit dem hebräischen Text? Kann ich Ihnen behilflich sein?" Mir war das nur recht. So übersetzte mir der Student aus dem höheren Semester dieses Kapitel fließend herunter. Er fügte dann noch an: „Wenn Sie wieder einmal mit einem hebräischen Kapitel nicht zurechtkommen, dann sprechen Sie mich nur an. Ich helfe Ihnen gern." Mir kam das sehr gelegen, denn ich wollte unbedingt die Prüfung schaffen, die Ende Juli stattfand. Und so ergab es sich, dass wir uns regelmäßig in den Räumen der Studentenmission trafen und die nicht ganz leichte Sprache studierten. Ich wurde regelrecht in Hebräisch getrimmt. Jeden Tag übersetzten wir ein Kapitel und lernten einen neuen Abschnitt aus der Grammatik. Ab und an fragte ich

Herrn Bormuth, der mir so bereitwillig half: „Was muss ich Ihnen denn bezahlen?“ Seine Antwort war immer gleichbleibend: „Das regeln wir später.“

Dann nahte die Prüfung. Am Vortag wollten wir noch einmal das Wichtigste wiederholen. Ich saß dem Studenten gegenüber, aber er ließ sich viel Zeit und schwieg lange. Ich wurde schon ungeduldig. Dann kamen seine Worte recht zögerlich über die Lippen: „Fräulein Hannemann, ich habe den Eindruck, Gott habe uns beide zusammengeführt. Wollen Sie meine Frau werden?“ Ich fiel aus allen Wolken. Mit solch einer Frage hatte ich gar nicht gerechnet. Aber dieser Student gefiel mir. In den Vorlesungspausen hatten wir öfter miteinander theologische Probleme erörtert. Er hatte die wunderbare Gabe, mir vieles, was ich noch nicht verstanden hatte, zu erklären. Er war nicht nur ein guter Hebräischlehrer, sondern auch ein interessanter Gesprächspartner. So fanden wir zueinander.

Am nächsten Tag ging ich fröhlich zur Prüfung. Meine Kommilitonen wunderten sich schon, wie man nur so unbekümmert zu einem Examen kommen kann. Ich wünsche jedem Prüfling eine solch frohe Stimmung. Verliebt muss man sein, dann kann man schwierige Situationen wunderbar meistern. Für mich war es einfach nur schön. Ich wusste: Falle ich durchs Examen, dann falle ich eben durch. Das ist jetzt nicht mehr problematisch. Ich werde ja bald heiraten. Das war für mich ein herrliches Gefühl. Aber ich habe die Prüfung ganz gut geschafft, habe dann noch Griechisch gelernt und einige Semester Theologie studiert. Doch nach zwei Jahren heirateten wir, und ich wurde von der Studentin zur Hausfrau umfunktioniert. Das hatte mehrere Gründe.

Zunächst kostete mich die Auseinandersetzung mit der bibelkritischen Theologie viel Kraft. Ich hatte oft Angst und fragte mich: Hält mein kindlicher Glaube an Jesus diese Anspannung durch? Die Entmythologisierung der Bultmann'schen Theologie hat mir schlaflose Nächte bereitet. Ein zweites Problem bestand darin, dass mir meine Eltern kaum Geld für mein Studium geben konnten. Ich musste mir in den Semesterferien immer wieder Jobs suchen, um mir das nötige Geld für das nächste Semester zu verdienen. So habe ich bei einer Familie als Kindermädchen und später dann in einer Buchhandlung gearbeitet. Das war sehr hart für mich. Und schließlich wollten wir auch gern heiraten. Mein Verlobter hatte schon sein Examen bestanden und zwei Jahre auf mich gewartet.

In unsere Ringe ließen wir das Wort aus Jesaja 54,10 eingravieren und das Datum des Tages, an dem wir uns kennenlernten. Der Vers ist mir im Laufe meines Lebens und sogar bis heute sehr wichtig: „Es sollen wohl Berge weichen und Hügel hinfallen, aber meine Gnade soll nicht von dir weichen, und der Bund meines Friedens soll nicht hinfallen, spricht der Herr, dein Erbarmer."

Nach seiner Referendarzeit wurde mein Mann nach Arolsen im Waldecker Land versetzt, und ich folgte ihm in der fröhlichen Gewissheit: Ich habe mein Glück gefunden. An einem Gymnasium unterrichtete mein Mann evangelische Religion und Englisch. Er wurde zum Studienrat ernannt und erhielt dadurch eine Anstellung als Beamter auf Lebenszeit. Ich war gerne Hausfrau, und langweilig wurde es mir nie. In Arolsen wurden uns zu unserer Tochter noch zwei Söhne anvertraut. Später kamen noch Johannes und Daniel, ein Nachkömmling, hinzu.

Aber mein Mann blieb nicht im Schuldienst. Es war für mich schon eine Überraschung, als er in den vollzeitlichen Dienst für Gott berufen wurde. Wir fühlten uns in Arolsen sehr wohl, hatten uns ein Eigenheim gebaut und in einer lebendigen Gemeinde ein warmes Nest gefunden. Gott schenkte es uns, dass wir Eingang ins Goethe-Institut fanden und jeden Samstagabend ausländische Studenten in unser großes Wohnzimmer einluden. Ihnen verkündigten wir das Evangelium in englischer Sprache, und Gott wirkte klare Entscheidungen für ihn. Oft waren über dreißig junge Menschen unsere Gäste, und es herrschte ein reger Austausch. Von der amerikanischen Army hatten wir uns Liederbücher besorgt, und schon damals begeisterte uns das Lied „Amazing Grace – O Gnade Gottes wunderbar".

An einem Abend mussten wir sogar die Flügeltür zum Arbeitszimmer öffnen, weil der Raum zu eng wurde. Doch am nächsten Tag war ich recht bekümmert; denn über das Parkett zog sich ein hässlicher, tiefer Kratzer. Zwei Studenten hatten unser altes Sofa über den Fußboden gezogen, und ein vorstehender Nagel war der

Übeltäter. Als mein Mann mittags aus der Schule kam, empfing ich ihn mit der Hiobsbotschaft: „Karl Heinz, schau dir nur unser schönes neues Parkett an, wie sehr es ramponiert ist. Ich weiß nicht, ob wir immer so viele Leute zu uns einladen sollen." Mein Mann schaute mich liebevoll an, nahm mich in die Arme und sagte: „Dieser Kratzer bekümmert dich? Du solltest froh sein, dass auf unserem Fußboden die Spuren der Heiligen zu sehen sind." Mir war sofort klar: Wir machen mit unserer missionarischen Arbeit weiter.

Donnerstags hatten wir noch einen Hauskreis für Deutsche. Wir gründeten sogar ein Chörlein und sangen oft bei Feiern und auch regelmäßig im Krankenhaus. Das Leben machte richtig Spaß, und wir waren glücklich. Nie hätten wir daran gedacht, von Arolsen wegzugehen. Im Garten pflanzten wir Sträucher, Erdbeeren, Gemüse und Blumen. Nach dem langen Flüchtlingselend konnte ich es kaum fassen, dass mir wieder eigene Erde durch die Hände glitt und wir in einem wunderschönen Haus wohnen konnten. Am Einzugstag lautete die Losung: „Dies Haus soll heißen ein Bethaus allen Völkern." Gott machte das Wort wahr. Für mich war dies eine unglaubliche Tatsache. Mit Indern, Kenianern, Holländern, Chinesen und noch vielen anderen Nationen lobten wir Gott.

Aber mit der neuen Berufung änderte sich unser Leben schlagartig. Mein Mann war bereit, im Diakonissenmutterhaus Hebron in Marburg eine Predigt- und Unterrichtstätigkeit zu übernehmen. Der Deutsche

Gemeinschafts-Diakonieverband mit seiner Zentrale in Marburg ist ein großes Werk. Damals lebten über viertausend Diakonissen in mehreren Mutterhäusern. Außerdem gehörten noch eine Ausbildungsstätte für Prediger, eine Missionszentrale, verschiedene Krankenhäuser, Schulen und Altenheime dazu. Uns war klar: Wenn Gott ruft, dann dürfen auch ein eigenes Haus und eine gesicherte Beamtenstellung nicht im Wege stehen. Und doch kullerten ein paar Tränen über meine Wangen, als ich zum letzten Mal den Schlüssel in unserem Türschloss umdrehte.

Ein neuer Weg lag vor uns. Für meinen Mann tat sich ein weites Betätigungsfeld auf. Er unterrichtete die Jungdiakonissen, hielt Rüstzeiten und viele Vorträge und wurde als Gastdozent für Altes Testament, Ethik und Dogmatik eingesetzt. Später schenkte Gott Gelingen für die Gründung einer Krankenpflegehochschule und eines Bibelseminars. Heute werden im Bibelseminar 220 junge Christen zum Dienst in der Verkündigung ausgebildet. Außerdem ist es möglich, Erzieher zu werden und auch das Abitur zu machen. Wir sind in besonderer Weise durch das Gebet, aber auch durch finanzielle Unterstützung mit diesem Werk verbunden. Als mein Mann in den Ruhestand versetzt wurde, trat unser Schwiegersohn, Dr. Klaus Meiß, in seine Fußspuren. Unsere Tochter unterrichtet dort Mathematik für die angehenden Abiturienten.

Daneben leitet sie in Marburg den Francke Verlag. Manchmal ist es für mich gar nicht so einfach, sie als

Chefin zu haben; denn schon öfter hat sie mir ein Buch, das ich veröffentlichen wollte, zurückgegeben und mir erklärt: „Mutti, kannst du es noch einmal überarbeiten?“ Die gemeinsame Arbeit, christliche Literatur unter die Menschen zu bringen, verbindet uns. Unsere Söhne Gottfried und Daniel sind Pfarrer in der Landeskirche hier in Hessen. Matthias hat Medizin studiert und gehört zum Lehrkörper der Universität in Tübingen. Ethik und Geschichte der Medizin sind sein Vorlesungsfach. Johannes ist Steuerberater und wurde in die Finanzverwaltung der Diakonie berufen.

Ich selbst bin nicht Pfarrerin geworden, habe mich aber ehrenamtlich in den Dienst für Gott eingebracht, vor allen Dingen in der Telefonseelsorge. Diese Aufgabe bedeutete für mich eine starke Herausforderung. Ich übernahm vor allen Dingen Nachtdienste und übte diese Tätigkeit mehr als 25 Jahre aus. Im Monat waren es meist sechs Schichten. Ich hörte mir das Elend und die Hilflosigkeit der Menschen an und nahm es mir zu Herzen. Meine Aufgabe war es, mich besonders um Depressive und Selbstmordgefährdete zu kümmern. Manchmal holten mich auch andere Mitarbeiter nachts ins Büro, wenn besonders schwierige Gespräche zu führen waren. Ich kann nur staunen, wie nahe mir Gott war, wenn es um die Rettung von Menschen ging. Das längste Gespräch in einer Nacht dauerte über sieben Stunden. Eine junge Mutti wollte sich mit ihrem Kind das Leben nehmen. Es gelang mir, ihre Adresse ausfindig zu machen und für sie Hilfe zu holen. Ich informierte die Polizei, die sie in eine psychiatrische Klinik brachte. Diese junge Altenpflegerin war mir im Nachhinein sehr dankbar, und über einen längeren Zeitraum blieben wir in Kontakt. In einem Mutter-Kind-Heim kurierte sie ihre Alkoholkrankheit aus.

Zu Beginn einer Schicht stellte ich die Nacht immer unter ein Gotteswort, und diese Zusage war mir Anker in gefährlichen Situationen. Ein Telefongespräch ist uns noch in ganz besonderer Erinnerung; mein Mann hatte damals Dienst. Es begann mit der Frage: „Vergibt Gott alle Schuld? Auch einen Selbstmord?"

Grenzenlose Einsamkeit, tiefe Depressionen und quälende Minderwertigkeitskomplexe verbargen sich hinter diesem Anruf. Äußerlich hatte das Mädchen alles, was sich ein junger Mensch nur wünschen kann: einen eigenen Wagen, eine Zweizimmerwohnung, eine gute Stellung als Sekretärin in einer Bank. Aber innerlich empfand sie gähnende Leere und Hoffnungslosigkeit. „Mehrere Röllchen Schlaftabletten liegen vor mir. Bis der Tag anbricht, muss es geschehen sein. Ich kann nicht mehr weiterleben und ich will auch nicht mehr", kam es resigniert über ihre Lippen. Leise, kummervoll und verzagt klang ihre Stimme. Da sie ihre Adresse nicht preisgab und nur ihren Vornamen, Claudia, nannte, waren uns die Hände gebunden. Mein Mann versuchte, die junge Dame am Telefon in ein langes Gespräch zu verwickeln, um herauszufinden, wer sich hinter diesem verzweifelten Anruf verbarg. Es gelang ihm, sie so lange hinzuhalten, bis die Vögel in der Frühe zu singen begannen und die Sonne ihre ersten Strahlen auf die Erde schickte. „Sehen Sie“, ermutigte er die Lebensmüde, „ein neuer Tag hat schon begonnen, und in ihm liegt eine neue Chance für Sie. Werfen Sie die Tabletten weg. Ihr Leben ist wertvoll. Jetzt ist es fünf Uhr morgens, rufen Sie mich um acht Uhr wieder an. Ich muss wissen, dass Sie meinen Rat befolgt haben. Ich gebe Ihnen unsere private Telefonnummer und Sie können uns jederzeit anrufen.“

Claudia ließ sich zu diesem Schritt überreden. Das war der erste Kontakt mit ihr. Sie sah sich außerstande, den Herausforderungen des Lebens zu begegnen. Sie wollte aus dieser Welt fliehen und sah nur noch im Selbstmord einen Ausweg. Es folgten Wochen, in denen das junge Mädchen stark angefochten wurde. Der Tod übte eine magische Anziehungskraft aus. In regelmäßigen Abständen rief Claudia immer wieder bei uns an, um mit uns über ihre Verzweiflung zu reden. Im stillen Hinhören versuchten wir, uns ein Bild von unserem unsichtbaren Gegenüber zu machen. Wir wollten herausfinden, wer diese junge Dame ist, und wo sie wohnt. Aber dieses Geheimnis hielt sie wie einen Raub fest. Ein Stück Trotz mischte sich in ihre Niedergeschlagenheit mit ein, und das machte es uns schwer, ihr zu helfen. Uns blieb aber das Gebet für Claudia. Das ist ja die stärkste Waffe gegen den Teufel, der ein junges Leben zerstören will.

Einmal gelang es uns sogar, ihr über eine Deckadresse ein Buch zu schicken. Es sollte ihr bei der Bewältigung ihrer Probleme helfen. Ein dankbarer Brief, dass das Päckchen seinen Empfänger erreicht hatte, folgte – aber leider ohne Absender. Eines Nachts spitzte sich die Lage zu. Wieder läutete das Telefon. „Ich kann nicht mehr. Die Decke fällt mir auf den Kopf, jetzt schluck ich die Tabletten." Kläglich klang ihre Stimme. „Claudia, tun Sie das nicht. Sagen Sie uns Ihren Namen und Ihre Adresse. Wir holen Sie ab, egal, wo Sie leben." Aber dies gab sie uns nicht preis. „Rufen Sie ein Taxi und lassen Sie sich zu uns bringen. Wir fragen nicht, woher Sie kommen." Müde und fast tonlos sagte sie: „Ja, vielleicht." Dann legte sie den Hörer auf.

Voller Bangen warteten wir ein, zwei Stunden. Inzwischen hatte ich ein Bett im Wohnzimmer gerichtet. Wir wurden unruhig und alarmierten schließlich die Polizei. Erst im Morgengrauen konnte Claudia, schon ganz benommen vom Gift der Tabletten, gefunden werden. Die Deckadresse hatte uns auf ihre Spur gebracht. Einige Tage später meldete sie sich wieder bei uns, diesmal mit vollem Namen. Wir nahmen uns weiter ihrer an, luden sie zu Tagungen ein, schenkten ihr ein Neues Testament, das sie begierig anfing zu lesen. So fand Claudia den Weg zu Christus.

Diese Erfahrungen in meinem Leben ermutigen mich immer wieder, sie in meinen Büchern anonym festzuhalten. Mein erstes Buch „Ich staune über Gottes Führung" wurde in 15 Auflagen herausgebracht.

Mir wäre früher nie der Gedanke gekommen, ein Buch zu verfassen. Bei meiner lebhaften Kinderschar war ich froh, wenn ich am Abend überlebt hatte. Aber wir sind in unserer Familie durch viel Leid gegangen. Meine jüngere Schwester war durch ein Zugunglück in Guntershausen bei Kassel, bei dem zwei Züge aufeinanderprallten, schwer verletzt worden. Grete überlebte diesen Unfall zwar, aber wir bangten um ihr Leben. Sie wurde aus dem Wrack herausgeschweißt und mit dem Hubschrauber in die Klinik nach Kassel gebracht. Drei Jahre lag sie im Krankenhaus und wurde 35 Mal operiert. Diese schreckliche Erfahrung habe ich in einer Nacht, als ich total verzweifelt war, niedergeschrieben. Ich hoffte, mir dadurch ein Stück Erleichterung verschaffen zu können. Aber ich wollte dieses Manuskript nie veröffentlichen. Durch eine Freundin gelangte es doch an einen Verlag und wurde gedruckt. So war das Leid der Anlass zu meiner schriftstellerischen Arbeit. Es ist mir aber auch ein Vorrecht, brieflich oder telefonisch den Kontakt mit meinen Lesern zu pflegen.

Es gibt wunderbare Begegnungen, vor allen Dingen bei Frühstückstreffen und Freizeiten. Manchmal muss ich auch schmunzeln, wenn Teilnehmer mich sehen. Meist stellen sie sich eine Schriftstellerin ganz anders vor. Eine Erfahrung habe ich erst kürzlich gemacht. Wer im Dienst für Gott steht, darf sich selbst nicht so wichtig nehmen.

Nie sollte er zimperlich reagieren, wenn ihm nicht die rechte Wertschätzung zuteilwird. An einem Beispiel will ich dies deutlich machen.

Vor einem Freizeitheim im Allgäu waren wir nach

langer Fahrt angekommen. Mein Mann reichte mir die Gehhilfen, und ich stieg aus dem Auto. Am Eingang stand eine Gruppe jüngerer und älterer Menschen. Sie rätselten, woher der Wagen wohl käme. Ein Herr meinte, das könnten Bormuths sein, denn das Auto trage ein Marburger Kennzeichen. Eine Teilnehmerin sagte zu den andern, als sie mich sah: „Nun bin ich aber sehr enttäuscht – So alt ist Frau Bormuth, mit Falten im Gesicht und grauen Haaren? Und dann geht sie noch an Krücken. Wenn ich das vorher gewusst hätte, wäre ich nicht zu dieser Tagung gekommen. Ich wünschte mir eine junge, attraktive Referentin und nicht jemanden, der schon so alt ist." Die anderen Leute vor dem Haus sagten nichts dazu. Aber später wollte diese Dame doch noch mit mir reden und machte mir kund, wie enttäuscht sie von mir gewesen sei. Alt und an Krücken, das habe sie sich nicht für eine vortragende Rednerin vorstellen können.

Was hätte ich dazu sagen sollen? Sie hatte ja recht. Mit über siebzig bin ich nun mal nicht mehr jung, und dass ich graue Haare und Falten habe, kann ich auch nicht leugnen. Allerdings war mir bewusst, dass ich die Krücken nicht mehr allzu lange tragen müsste. Nach einer Hüftoperation waren sie mir sehr nützlich; denn so lernte ich wieder das Gehen. Ich schwieg zu ihrem Tadel. Wir erlebten dennoch sehr schöne, gesegnete Tage mit vielen Zuhörenden. Sogar aus der Umgebung waren sie zu den Vorträgen gekommen. Als es darum ging, Abschied zu nehmen, ergriff ein Herr noch einmal das Wort. In einer kurzen Rede dankte er für den Segen, den die Teilnehmer durch die Verkündigung erfahren hatten. Am Schluss hielt er eine Schachtel mit Süßigkeiten in die Höhe und meinte. „Für Sie Frau Bormuth! Pralinen für die schönste Frau nach dem Herzen Gottes im Allgäu." Ich musste schmunzeln. Dieser Herr hatte nämlich mit angehört, wie die ältere Dame sich über mein Alter und die Krücken aufgeregt hatte. Die Pralinen aber ließen wir uns auf der langen Heimfahrt gut schmecken, und meinem neuen Buch gab ich den Titel: „Pralinen für die schönste Frau". Es wurde ein Renner auf dem Büchermarkt.

So darf ich viel Schönes mit Gott erleben, aber auch Trost in Anfechtungen erfahren. Im vergangenen Jahr kam ich von einem Frühstückstreffen nach Hause und stand vor unserem halb abgebrannten Haus. Ein Untermieter hatte das Feuer verursacht. Er war mit einer brennenden Zigarette eingeschlafen, und dann fing sein Bett Feuer. Da er schwer behindert war, konnte er den Brand nicht löschen. Zum Glück rettete ihn ein anderer Mitbewohner aus dem Feuer. Natürlich war ich recht niedergeschlagen. Unser schönes Haus war total verrußt. Ein Stockwerk war ausgebrannt. Für uns war dies ein niederschmetternder Anblick. In meiner „Stillen Zeit" am nächsten Morgen las ich meine Bibel. Das Wort aus Römer 5,3-5 wurde mir zum Trost „Wir rühmen uns auch der Bedrängnisse, weil wir wissen, dass Bedrängnis Geduld bringt, Geduld aber Bewährung, Bewährung aber Hoffnung, Hoffnung aber lässt nicht zuschanden werden; denn die Liebe Gottes ist ausgegossen in unsere Herzen durch den Heiligen Geist, der uns gegeben ist." Anfechtung lehrt auf das Wort Gottes merken. Diese Erfahrung half mir, meine Glaubenszuversicht wiederzufinden.

Ein Buch für einen jungen Strafgefangenen

Nach der Ausstrahlung meiner Sendung im Evangeliumsrundfunk erhielt ich außer vielen Anrufen auch einen besonderen Brief. Er erreichte mich aus Trossin, einem Ort in den Neuen Bundesländern. Wie sehr habe ich mich über diese Zeilen gefreut. Herr Wendt hatte es sich schon seit Langem zur Aufgabe gemacht, Gefangene in der Haftanstalt Torgau regelmäßig zu besuchen und sie mit dem Evangelium bekannt zu machen. Welch einen wichtigen Dienst übt dieser Herr aus, den ihm Gott übertragen hat. Im Gespräch erzählte mir Herr Wendt, wie sehr sich Johannes – sein Name ist geändert – freut, wenn er im Knast Besuch erhält. Nach einem Austausch darüber, wie es dem jungen Häftling geht, bespricht er auch gern einen Bibeltext mit ihm, und die beiden beten miteinander. Es ist ja eine großartige Botschaft, wenn ein Sträfling erfährt, dass Gott ihm alle Schuld vergeben will und er ein neues Leben unter seiner Führung beginnen darf. Aus dem Wort der Bibel fließen dem Inhaftierten Mut und neue Hoffnung zu, denn die Tage hinter Gittern können sehr lang und öde sein. Da zählt der Besuch dieses alten Freundes gleich doppelt, der das Gebot Jesu aus Matthäus 25,36 ernst nimmt: „Ich bin im Gefängnis gewesen, und ihr seid zu mir gekommen."

Als mich Herr Wendt anrief und mich um Literatur für diesen jungen Straftäter bat, wusste ich sofort, was ich ihm schicken würde, nämlich das Buch: „Der aus dem Schatten trat". Es stammt nicht aus meiner Feder, aber ich habe es aus dem Englischen ins Deutsche übersetzt. Es ist die Geschichte eines Menschen, der in elende Verhältnisse hinein geboren wurde.

Seine Mutter war eine Trinkerin, seinen Vater bekam er selten zu Gesicht, weil er auf Montage arbeitete. Als junges Mädchen von 14 Jahren war seine Mutter schon verheiratet worden. In Simbabwe, wo dieses Lebensschicksal spielt, war es keine Seltenheit, dass praktisch noch Kinder in den Stand der Ehe traten. Diese Teenymutter war ihrer Aufgabe nicht gewachsen und suchte im Alkohol Trost. Ihre drei Kinder vergaß sie darüber, und so wurden sie in ein schreckliches Chaos hineingeboren. Kein Mensch kann sich vorstellen, wie es hinter den Scheiben einer Alkoholikerin aussieht. Der Haushalt war verkommen und die Kinder verwahrlost. Hungrig suchten die Kleinen nach etwas Essbarem. Einmal sagte Stephen, der Älteste, der gerade mal sechs Jahre war: „Eigentlich bin ich ganz froh, wenn meine Mutter betrunken im Bett liegt, dann schlägt sie uns wenigstens nicht mit dem Riemen." Doch eines Tages machte die Mutter ihren Buben einen tollen Vorschlag: „Beeilt euch, Kinder, zieht euch flink an! Denn heute wollen wir in die Stadt gehen. Ich will euch die neue

Kirche und die wunderschönen Geschäfte zeigen." So machten sie sich zu viert fröhlich auf den Weg. Vor einem Kaufhaus blieb die Mutter stehen. „Stephen, warte hier mit deinen Geschwistern." Dabei drückte sie ihrem Ältesten das Baby in die Arme. „Mama, aber bleib nicht so lange fort", rief er ihr noch nach. Er ahnte wahrscheinlich, dass ihre Mutter nicht so schnell wieder zu ihnen kommen würde. So standen sie vor den Schaufenstern, schauten sich die schönen Sachen an und warteten, dass ihre Mama wiederkommen sollte. Aber sie kam nicht. Stephens Angst bestätigte sich. So standen die Kleinen bei glühender Mittagshitze auf der Straße, und die Zeit wurde ihnen lang. Das Baby schrie, es war hungrig und hätte zudem schon längst eine frische Windel gebraucht. Erst am Abend kam die Polizei vorbei, redete mit Stephen und brachte die Kinder wieder zurück in ihr Dorf. Aber dort blieb die Mutter unauffindbar. Sie hatte ihre Kleinen einfach ausgesetzt. So sollte eine Tante die drei übernehmen. Aber die war auch nicht glücklich, zu ihren vielen Kindern noch drei Münder mehr stopfen zu müssen. Stephen, den Ältesten, sperrte sie einfach in den dreckigen Hühnerstall. Ab und zu warf sie ihm einen Kanten trockenes Brot und eine Flasche Wasser über den Zaun. Es war ein elendes Leben, das dieser Junge nun führen musste. Aber er gab nicht auf und überlegte, wie er aus seinem Gefängnis entkommen könnte.

Als er ein bisschen gewachsen war, überstieg er den Zaun und verschwand in der Stadt. Unter einer Brücke grub er sich eine Ausbuchtung in den Sand. Ernährt hat er sich von den Abfallresten, die er in den Tonnen der Weißen vorfand: mal ein halb verfaulter Apfel, mal ein Knochen, an dem noch ein Stückchen Fleisch dran war, mal ein Stück trockenes Brot. Er traf andere Jungen und Mädchen, die auf den Gassen herumlungerten und nach etwas Essbarem suchten. Schließlich schloss er sich diesen Straßenkindern an, auf die Terroristen ein Auge warfen und die sie für ihre Ziele missbrauchten. Sie versprachen den Elternlosen eine glückliche Zukunft, machten ihnen Hoffnung, nahmen sie in ihre Ausbildungslager auf und erzogen sie zu Bombenlegern und Selbstmordattentätern.

Eines Tages war Stephen auf dem Weg mit neun anderen Bandenmitgliedern in die Stadt. In ihren Rucksäcken trugen sie Bomben, mit denen sie eine Bank in die Luft sprengen wollten. Zwietracht wollten sie säen zwischen Weißen und Schwarzen und so Unruhe in Simbabwe schaffen. Plötzlich entdeckten sie mitten auf einem freien Feld ein riesengroßes Zelt. War das etwa ein Zirkuszelt? „Wir werden es in die Luft sprengen", schlug Stephen vor. „Über tausend Tote wird es geben, und wir werden dadurch berühmt. In allen Zeitungen und in Radiosendungen wird man davon berichten." Aber zunächst wollte er ins Zelt gehen und die Lage überprüfen. Es war gar kein Zirkuszelt, sondern ein Missionszelt. So setzte er sich auf die hinterste Bank und wollte hören, was da gesagt wurde.

Zum ersten Mal vernahm er die Frohe Botschaft, wie

sehr Jesus die Menschen liebt. Noch nie war ihm eine solche Botschaft zu Ohren gekommen. Sollte es wahr sein, dass er in Gottes Augen ein wertvoller Mensch war? Er konnte es nicht fassen. Mit seinem Rucksack und seinen Taschen voller Munition ging er nach vorne in die Nähe des Verkündigers. Er wurde im Innersten berührt von der Wertschätzung Gottes für ihn, ein elternloses Kind. Die Tränen liefen ihm über die Wangen. Sollte es möglich sein, dass auch er von Christus geliebt war? Er konnte es nicht begreifen, dass es in der Bibel hieß: „Also hat Gott die Welt geliebt, dass er seinen eingeborenen Sohn gab, damit alle, die an ihn glauben, nicht verloren werden, sondern das ewige Leben haben" (Johannes 3,16). Die Bodyguards wollten ihn schon abführen, weil er dem Rednerpult zu nahe gekommen war. Aber der Pastor hatte bei Stephen gemerkt, wie er von der biblischen Botschaft ergriffen war, und winkte ab. „Lasst ihn, lasst ihn!" Nach der Veranstaltung trat der Verkündiger auf ihn zu, legte ihm die Hand auf die Schulter und setzte sich zu ihm. Nun berichtete Stephen ihm von seiner trostlosen Kindheit: „Mein Vater hat mich gehasst und verstoßen. Die Ehe meiner Eltern war auseinandergebrochen. Meine Mutter hatte mich als kleines Kind ausgesetzt." Beim Erzählen erlebte Stephen noch einmal die ganze Angst und Verzweiflung. Zu seinem großen Erstaunen weinte der Pastor mit ihm. Und dann berichtete der Evangelist, wie es ihm selbst ergangen war: „Junger Mann, jetzt will ich dir eine Geschichte erzählen. Vor vielen Jahren war da ein vierzehnjähriges Mädchen, das schwanger geworden war. Die werdende Mutter wurde gefragt, wer denn der Kindsvater sei, und sie zeigte auf einen jungen Mann. Aber dieser lehnte es ab, die Verantwortung zu übernehmen. Er wollte das Kind nicht. Zwei Wochen später wickelte die junge Mutter das Baby in ein Handtuch, verbarg es in einer Toilette und lief davon. Eine Frau, die in der Nähe stand, vernahm ein leises Wimmern. Sie forschte nach der Ursache und fand das Baby, das schon fast in der Toilettenschüssel ertrunken war. Sie brachte es ganz schnell in ein Krankenhaus, und das Kind überlebte.

Junger Mann, das Kind war ich. Meine Mutter habe ich nie bewusst gesehen. Ich weiß auch gar nicht, wer sie ist. Auch meinen Vater kenne ich nicht. Es ging mir wie dir. Beide haben mich nicht gewollt."

Tief ergriffen schaute ihn Stephen an. Das durfte doch nicht wahr sein. Dieser Mann machte doch den Eindruck, dass er geliebt wurde und sich geborgen fühlte. Wie war das nur möglich? Der Prediger schlug seine Bibel auf und sagte: „Ich möchte dir etwas vorlesen, das für Leute wie dich und mich bestimmt ist. Es ist die Zusage Gottes für uns. In Psalm 27,10 lesen wir: „Wenn Vater und Mutter mich verstoßen, nimmst du, Herr, mich doch auf."

Diese Worte bewegten Stephen sehr. Gott wollte auch ihn aufnehmen. Hier lag das Geheimnis dieses Mannes. Er war geliebt worden, denn der Herr hatte ihn aufgenommen. „Siehst du", fuhr der Prediger fort, „Jesus ist der Gott, der auf die Erde gekommen ist. Er hat versprochen: Wenn dein Vater und deine Mutter dich verlassen, dann wird der Herr dich aufnehmen. Die Leute, die mich adoptierten, gaben mir den Namen Mohaneo, das bedeutet: der Verstoßene. So fühlte ich mich auch meine ganze Kindheit hindurch. Ich war von allen verstoßen, besonders von meiner leiblichen Mutter. Als ich aber im Jahr 1947 Jesus fand, gaben mir die Missionare einen neuen Namen. Ich sollte Sadrach heißen. Das war ein Mann im Alten Testament, den Gott aus großer Not errettet hat, als die Menschen ihn verlassen hatten. Und ich habe erfahren, dass Jesus mich nicht verstoßen hat. Der Herr hat mich aufgenommen."

Dieser Vers wurde auch zum Wendepunkt in Stephens Leben. Zum ersten Mal spürte er, dass er wirklich Gottes Liebe erfahren konnte, die auch seinem Leben Sinn gab. Dieser Glaube war stark genug, ihm bei allen schmerzvollen Erfahrungen einen Ausweg zu zeigen. Er kniete nieder, um zu Gott zu beten. Noch wusste er nicht, wie er sich ausdrücken sollte, aber er spürte, dass Gott ihn liebte und auf ihn wartete. So rief er: „Gott, ich habe nichts, ich bin nichts, ich kann nicht lesen und nicht schreiben. Meine Eltern wollen mich nicht. Nimm mich auf, o Gott, nimm mich auf! Ich bereue all' das Böse, das ich getan habe. Jesus, vergib mir und nimm mich jetzt an." Durch diese Hinwendung zu Christus fiel eine schwere Last von ihm ab. Ein Gefühl der Erleichterung überkam ihn. Freude durchströmte ihn.

Es wurde für Stephen eine lange Nacht, in der er bereit wurde, Christus sein Leben zur Verfügung zu stellen. Er wurde so froh darüber, dass Jesus nun sein treuer Freund war, und wollte fortan nur ihm gehören. Von der verderblichen Spur hatte ihn Christus heruntergeholt und ihn zu seinem Jünger gemacht. Das war die glücklichste Stunde in seinem Leben, als der Pfarrer mit ihm betete und Stephen wusste: Ich muss nicht mehr länger Terrorist sein, sondern will auf einem neuen Weg Jesus dienen.

Es ist ein ergreifendes Buch, das Stephen Lungu geschrieben hat. Es wurde in Amerika, in England und auch in Deutschland zu einem Bestseller. Herr Wendt hatte mir auch erzählt, wie viel dem jungen Mann sein Taufspruch bedeutete. Aus diesem Grund schrieb ich diesen Bibelvers als Widmung auf die erste Seite: „Ich habe dich je und je geliebt, darum habe ich dich zu mir gezogen aus lauter Güte" (Jeremia 31,3).Nun ist es mein Gebet, dass Gottes Wort den jungen Mann in Torgau erreicht. Ich kenne ihn noch nicht, aber vielleicht begegnen wir uns einmal, wenn er das Gefängnistor verlassen kann. Das ist die wunderbarste Botschaft, die ein Mensch erfahren kann, wenn er sich geliebt weiß.

Tage später erreichte mich folgender Brief:

Liebe Frau Bormuth,
die Büchersendung mit zwei Büchern von Stephen Lungu mit dem Titel „Der aus dem Schatten trat" ist pünktlich bei mir eingetroffen. Ich möchte Ihnen ganz herzlich da-

für danken, insbesondere für die persönlichen Worte an unseren Bruder im Glauben im Torgauer Gefängnis mit seinem Taufspruch. Inzwischen habe ich selbst das Buch mit viel Gewinn gelesen und auch einen Weg gefunden, wie es in seine Hände kommen kann. Ich schenke es dem Gefängnispfarrer für seine Bibliothek, und er wird es an Johannes weitergeben.
Ich wünsche Ihnen Gottes Segen für all Ihre Aufgaben und grüße Sie sehr herzlich
Ihr Heinz Wendt

Aus dem Kerker gerissen

Nachdem ich in einem Bibelheim Rüsttage gehalten und mich gerade vom Leiter dieses Hauses verabschiedet hatte, schenkte er mir das Buch von Harald Rabe mit dem Titel „Schießen Sie doch vorbei". Ich war sehr gespannt, was mir der Tatsachenbericht über die politischen Machenschaften des Unrechtsstaates der DDR Neues sagen würde. Ich kenne den Autor nicht, aber das Zeugnis über sein Erleben hat mich gefangen genommen. Das Buch umfasst 147 Seiten, und meine Begeisterung war so groß, dass ich es in zwei Tagen durchgelesen hatte. Ich kann es nur jedem empfehlen. Harald Rabe ist Christ und hat mich in die schwersten, notvollsten Tage seines Lebens blicken lassen. Ich hätte die Gräueltaten nicht lesen können, gäbe es nicht da auch die andere Seite seiner Erfahrungen durch die Tröstungen im Wort Gottes. Besonders die Verse 14 bis 16 aus Psalm 91 haben ihn in verzweifelten Situationen, in denen er sogar in Gefahr stand, Hand an sich zu legen, gehalten und ihm Hilfe und neues Vertrauen zu Gott geschenkt. Dort heißt es: „Er liebt mich, darum will ich ihn erretten. Er kennt meinen Namen, darum will ich ihn schützen. Er ruft mich an, darum will ich ihn erhören; ich bin bei ihm in der Not, ich will ihn herausreißen und zu Ehren bringen. Ich will ihn sättigen mit langem Leben und will ihm zeigen mein

Heil.“ Schon im Elternhaus war Harald Rabe mit der Botschaft des Evangeliums bekannt geworden, wurde er doch in eine christliche Familie hinein geboren. Die biblischen Geschichten wurden ihm zu einem Schatz, den ihm niemand nehmen konnte.

Er erzählt von seiner Gefangennahme: Es war noch sehr früh morgens am 5.11.1986, als es an der Haustür klingelte. Plötzlich überfiel mich ein unheimliches Gefühl der Angst. Wer mag schon in aller Frühe etwas von uns wollen? Durch die Glastür erkannte ich einige Menschen, die sofort in die Wohnung drangen, als ich die Tür einen Spalt breit aufgemacht hatte. Ich ahnte Schreckliches und wurde mit barschen Worten aufgefordert mitzukommen: „Wir müssen einige Sachverhalte abklären. Verabschieden Sie sich von Ihrer Frau.“ Die Männer in Zivil umringten mich sofort und brachten mich zu einem Auto, in das ich einsteigen musste. „Hände unter den Arsch, und jeder Fluchtversuch wird mit der Waffe geahndet“, drohten sie mir. Ich begriff nicht, was mit mir geschah, und dachte, dies sei ein Irrtum. Bin ich denn im falschen Film?, fragte ich mich. Sie erklärten mir: „Sie sind vorläufig festgenommen.“ Die halbstündige Autofahrt brachte mich in das Gefängnis nach Chemnitz. Solche Szenen hatte ich schon in einem Krimi gesehen, aber nie daran gedacht, dass mir jemals Ähnliches passieren würde. Sehr oft war ich schon an dem Gebäude vorbeigekommen und hatte mich im Stillen auch manchmal gefragt: Wer wird wohl hinter diesen Mauern zu Recht oder Unrecht gefangen gehalten? Aber nun war ich selbst dran. Ich wurde in einen kahlen Raum gebracht und musste mich bis auf die Haut ausziehen. Zögerlich begann ich mein Hemd aufzuknöpfen, denn ich war es nicht gewohnt, mich vor Fremden zu entblößen. Aber mit drohender Stimme wurde ich aufgefordert:

„Folgen Sie dem Befehl, aber flott!“ Ich fühlte mich dem Mann in Uniform völlig ausgeliefert. Alle Körperöffnungen wurden untersucht. Ich musste meinen Mund öffnen, denn ich hätte ja etwas Wichtiges unter der Zunge verstecken können. Dann befahlen sie mir, mich zu bücken, und einer dieser Männer zog meine Pobacken auseinander und untersuchte meinen Hintern. Ich fühlte mich zutiefst gedemütigt. Warum nur wurde ich hierhergebracht? Was hatte ich denn Schändliches getan? Ich war mir keiner bösen Tat bewusst und fühlte mich in der Gefängniskleidung, die ich mir überstreifen musste, sehr elend. Wie ein Schwerverbrecher kam ich mir vor. Ja, in den Augen der Wachmänner war ich es auch, jedenfalls behandelten sie mich so. Meine privaten Sachen, die ich hatte auf den Tisch legen müssen, wurden aufgelistet und mir abgenommen. Noch immer hoffte ich, dass sich der Irrtum bald aufklären würde und ich schnell zu meiner Familie zurückkehren könnte.

Dann brachte mich ein Wärter über lange Gänge in meine Zelle. Das Gerassel der Schlüssel habe ich heute noch in den Ohren. Jede Tür, durch die wir in das eigentliche Gefängnis gingen, wurde auf- und wieder zugeschlossen. Unsere Schritte hallten auf dem Steinfußboden. Das Gesicht musste ich zur Erde richten. Über eine Metalltreppe gelangte ich in meine Zelle und wurde hineingestoßen. Nun saß ich auf einem rauen Holzschemel. Auf die Pritsche durfte ich mich weder setzen noch hinlegen.

Ich versuchte, meine Gedanken zu sammeln. Wer hat mich bloß in diese aussichtslose Situation gebracht? Oder war ich an meinem Schicksal selbst schuld? Meine Mutter hatte mich früher einmal gewarnt: „Harald, wenn du deinen Mund nicht besser im Zaum halten kannst, landest du noch mal im Gefängnis." Mich versetzten die Ungerechtigkeiten in unserem Staat oft in Zorn. Ich konnte dazu nicht schweigen, wenn ich die Missstände in unserem Land beobachtete. In unserem Betrieb wurde das Arbeitssoll bei gleichbleibend niedrigem Lohn immer höher geschraubt. Wie Sklaven wurden wir behandelt, und es blieb keine Möglichkeit, uns dagegen zu wehren. Am allermeisten aber bekümmerte es uns, dass wir wie in einem eisernen Käfig gefangen gehalten wurden. Reisen in die Bundesrepublik war für uns zu einem fast unmöglichen Unterfangen geworden. Nur den Rentnern war es erlaubt, ihre Verwandten im Westen zu besuchen. Aber für uns, die wir noch mitten im Arbeitsprozess standen, waren dermaßen hohe Hürden eingebaut, dass es meist kein Hinüberkommen zu den Verwandten gab. Dagegen hatte ich rebelliert und meinen Mund zu weit aufgetan. Nie und nimmer hätte ich geglaubt, dass Arbeitskameraden mich aus diesem Grund bei der Stasi angeschwärzt haben könnten.

Ich fing an zu grübeln, wer aus meiner Umgebung mich in dieses Elend gestürzt haben könnte. Aber ich blieb ratlos. Doch dann erinnerte ich mich, dass wir bei familiären Zusammenkünften über unser Eingesperrtsein heftig diskutiert hatten. Ich empfand es als eine Unverschämtheit, dass wir in unserer Freiheit so stark beschnitten waren und uns nicht unsere Urlaubspläne nach eigenem Gutdünken machen konnten. Der Drang nach Freiheit war immer groß. Ich ärgerte mich auch maßlos darüber, dass ich meine Meinung nie frei äußern konnte, und hielt damit nicht hinter dem Berg zurück. Uns war von Staats wegen Religionsfreiheit zugesichert worden. Aber warum durften Kinder, die keine Mitglieder in der FDJ oder bei den Pionieren waren, nicht die höhere Schule besuchen, obwohl ihre schulischen Leistungen hervorragend waren? Diese Ungerechtigkeit empfand ich zutiefst und machte auch keinen Hehl daraus. War dies nun der Grund, warum ich eingesperrt wurde? Freiheit ist doch eines der höchsten Güter. Darf man sie uns Bürgern derart einschränken? Besonders aber regte es mich auf, dass an der innerdeutschen Grenze Menschen, die in den Westen fliehen wollten, einfach erschossen wurden. Das waren doch meist ordentliche Staatsbürger, die den politischen Druck in der DDR nicht länger aushielten. Einige von ihnen hatten ihre alten Eltern in der Bundesrepublik und waren von tiefer Sehnsucht gepackt, zu ihnen zu kommen. Ist dies denn ein Grund, Menschen einfach über den Haufen zu schießen? Beim Verhör, als mir das Zeugenprotokoll der NVA vorgelesen wurde, ging mir ein Licht auf. Ein junger Soldat war an der Grenze zur Bundesrepublik bei einer Einheit in Eisenach stationiert. Ich hatte ihn einmal in meinem Auto ein Stückweit mitgenommen. In einer Kneipe hatte er einiges über den Durst getrunken und konnte aus diesem Grund seine Zunge nicht im Zaum halten. Er schimpfte mächtig über die Missstände in unserem Land. Auch von seinen Gewissenskonflikten als Grenzsoldat hatte er mir erzählt. Ich gewann den Eindruck, ich müsste ihm in seinen seelischen Nöten beistehen, und riet ihm: „Schieß doch einfach vorbei, wenn dir ein Flüchtender vor die Flinte gerät." Aber mein Rat war wohl nicht auf Gegenliebe gestoßen. Mich beschlich ein seltsames Gefühl, als er wieder aus meinem Auto ausgestiegen war. Nun wurde mir beim Verhör vorgehalten, dass ich in niederträchtiger Weise die Schutztruppe der DDR verunglimpft hätte. Dieser Vorwurf hat mich natürlich stark belastet, und ich wusste, dass mich sicher eine harte Strafe erwarten würde.

Nach meinem ersten Verhör saß ich in meiner Zelle und dachte über alles nach. Mir war elend zumute. Ich musste an Christine, meine Frau, und an meine drei Söhne denken. Wie würde es ihnen zu Hause wohl ergehen? Später erfuhr ich, dass nach meiner Festnahme unser Haus gründlich durchsucht worden war. Dabei hatte die Stasi verschiedenes Material wie Fotos, Briefe und Literatur aus dem Westen beschlagnahmt. Am allermeisten aber bekümmerte es mich, dass sie meine beiden Tagebücher mitgenommen hatten. In ihnen hatte ich meinen Unmut über die DDR rückhaltlos niedergeschrieben. Die Tagebücher waren mein Ventil, um den inneren Druck loszuwerden, unter dem ich litt. Aber nun wurden sie mir zum Verhängnis.

So hockte ich auf meinem Schemel und grübelte. Ich war dem Wahnsinn nahe, und mir war zumute, als würde mir der Boden unter den Füßen weggezogen. Hatte ich überhaupt eine Möglichkeit, meine Unschuld zu beweisen? Ich musste einsehen, dass ich der Stasi total ausgeliefert war. Aber mitten in meiner Not kam mir ein Lied in den Sinn. Es wurde mir zur Zuflucht in meinem Elend:

„Weiß ich den Weg auch nicht, du weißt ihn wohl.
Das macht die Seele still und friedevoll.
Ist's doch umsonst, dass ich mich sorgend müh,
dass ängstlich schlägt mein Herz, sei's spät, sei's früh.

Du weißt den Weg ja doch, du weißt die Zeit,
dein Plan ist fertig schon und liegt bereit.
Ich preise dich für deiner Liebe Macht,
ich rühm die Gnade, die mir Heil gebracht.

Du weißt, woher der Wind so stürmisch weht, und du gebietest ihm, kommst nie zu spät;

drum wart ich still, dein Wort ist ohne Trug,
du weißt den Weg für mich, das ist genug.“

Marion von Kloth, sie war 1897 geboren, sang als junge Frau dieses Lied ihren Mitgefangenen im Zentralgefängnis von Riga vor, bis sie am 22. Mai 1919 durch die Bolschewiki erschossen wurde. Welch eine Kraft und Zuversicht gingen von diesem Lied aus. Auch das Psalmwort trug mich durch die erste Zeit in meiner Zelle. Wie würde Gott mich aus meiner verzweifelten Lage retten? Wie würde er mich in all den Bedrängnissen beschützen? Ja, ich glaubte der Zusage, dass Gott bei mir war und mich aus meinem Elend herausreißen würde. Darin fand ich immer wieder meinen inneren Halt, als ich am 7., 9. und 13. April 1987 vor den Richter treten musste. In Handschellen wurde ich in das Gerichtsgebäude geführt. Zum ersten Mal seit Langem sah ich auf dem Weg dorthin wieder den Himmel über mir. Auch wenn mir ein Rechtsanwalt zur Verteidigung an die Seite gestellt wurde, wusste ich doch, dass die gesamte Verhandlung ein abgekartetes Spiel war. Ich konnte nicht auf seine Hilfe rechnen. Zu freundschaftlich drückte er meinen Anklägern die Hand. Ich hatte gehofft, dass ich Christine, meine Frau, im Gerichtssaal sehen würde, aber sie wurde zu dieser Verhandlung nicht zugelassen. Zunächst wurden meine Personalien vorgelesen, und dann folgte die Anklageschrift. Die Staatsanwältin brachte böswillige Anschuldigungen gegen mich vor. Mit dieser Anklage wollte sie ein Exempel statuieren.

Hohn und Spott waren in ihrer Rede nicht zu überhören. Diskriminierende und diffamierende Äußerungen wurden mir vorgeworfen, obwohl doch in unserem Staat das verbriefte Recht auf freie Meinungsäußerung galt. Ich wurde zu einem gefährlichen Verbrecher abgestempelt. Auch der Richter ließ sich von der Stasi stark beeinflussen. Mein Leben zog er durch den Dreck, und ich wurde so stark herabgewürdigt, dass mir fast jegliches Selbstbewusstsein verloren ging. Als der Grenzsoldat zur Zeugenaussage erscheinen sollte, der ja der Urheber des Verfahrens war, wurde sein Fernbleiben vom Regimentskommandeur mit fadenscheinigen Gründen erklärt. Ich bin fest davon überzeugt, dass er mir nicht in die Augen sehen wollte. Wahrscheinlich hat er gar nicht geahnt, dass mir sein Anschwärzen so viele Jahre Haft einbringen würden.

In großer Anspannung wartete ich darauf, welches Strafmaß mir zugemessen wurde. Ich wurde fast wahnsinnig, wenn ich darüber nachdachte, dass ich meine besten Mannesjahre hinter Gittern zubringen müsste. Hätte ich dieses kleine, grüne Testament nicht gehabt, ich wäre verzweifelt. So las ich, wenn ich wieder in meine Zelle geführt wurde, das Wort von Gott. Noch nie war der Durst nach dem Reden des Allmächtigen in mir so stark wie gerade jetzt in dieser Bedrängnis. Besonders der Kreuzestod Jesu, den er ja für mich erduldet hat, bewegte mein Inneres und gab mir das feste Vertrauen: Jesus hat für mich gelitten, damit ich ausgesöhnt mit Gott leben kann. Ja, ich war gespannt darauf, wie er mich aus meiner ausweglosen Lage herausreißen würde, wie mir ja der Psalm 91 zugesagt hatte. Als der Augenblick der Verkündigung des Urteils kam, mussten alle im Gerichtssaal aufstehen. Dann hörte ich den Richter sagen: „Im Namen des Volkes wird für Recht erkannt eine Freiheitsstrafe von drei Jahren und acht Monaten." Bei diesen Worten brach ich fast zusammen. Drei Jahre und acht Monate waren für mich eine Ewigkeit. Der Gedanke, dass ich für eine so lange Zeit von meiner Familie und von meinen alten Eltern getrennt leben müsste, raubte mir fast den Verstand. Würde ich Vater und Mutter in meinem Leben je wiedersehen können?

Was mich vor dem Selbstmord bewahrte, war die Zusage meines himmlischen Vaters, von dem ich weiß, dass er mich liebt und mich erretten will. Mein Name ist bei ihm bekannt, und er wird mich auch in meiner Drangsal beschützen. Ich kann zu ihm in meiner Not Zuflucht nehmen und in der Gewissheit leben: Er wird mich aus meinem Elend reißen und mich wieder zu Ehren bringen, wie er es in Psalm 91 verspricht. In meiner Zelle versuchte ich zu beten, was mir nicht leichtfiel. Meine Gedanken schwirrten immer wieder auseinander, und der Schlaf übermannte mich. Danach folgte ein neuer Abschnitt in meinem Leben. Ich wurde nach langer Fahrt mit Bus und Bahn nach Cottbus in ein neues Gefängnis verlegt. Nun war ich weit weg von meiner Familie. Wie würden meine Tage aussehen? Ich geriet in eine schreckliche

Verzagtheit. Hätte ich nicht immer wieder meinen Psalm als ein mutmachendes Wort in meinem Inneren bewegt, ich wäre in meinem Elend zugrunde gegangen. So aber wusste ich, dass Gott meine Not teilte. An ihn wandte ich mich, wenn mir die Luft zum Atmen ausgehen wollte, und vertraute darauf, dass er mich aus all meinem Jammer herausreißen würde. Dann kam ein Tag, der mein Unglück wenden sollte. In der DDR wurde aus Anlass der Staatsgründung vor 38 Jahren eine allgemeine Amnestie erlassen. Das war ein Wunder; denn lange hatte es ein solches Ereignis in unserem Land nicht gegeben. Ich gewann Hoffnung, dass auch ich das Ende des Tunnels sehen würde. In der Zeitung wurde der Erlass bekannt gegeben, und ich habe ihn mit eigenen Augen lesen können. Nein, das war kein Märchen, sondern Wirklichkeit. Und bis zum 12. Dezember 1987 sollte diese Aktion abgeschlossen sein. Allerdings galt diese Amnestie für ehemalige Kriegs- und Naziverbrechen, für Spionage und Mord nicht. Plötzlich wich der Druck aus meinem Herzen, und in mir wurde es licht. Die Durststrecke bis zu meiner Entlassung würde ich überstehen.

An einem Montagmorgen trat ein Wachmann auf mich zu und befahl mir: „Raustreten und Sachen packen!" War jetzt die Stunde meiner Freiheit gekommen? Mein Herz schlug mir bis zum Halse. Mir blieben 10 Minuten, um mich transportfertig zu machen. Die Aufregung war mächtig, und ich begann zu zittern wie ein schwankendes Rohr im Wind. Mit noch anderen

Häftlingen wurde ich zu einem Gefangenentransporter gebracht. Langsam setzte sich das Auto in Bewegung, fuhr durch das Gefängnistor und bog auf die Autobahn ab in Richtung Westen. Ja, es wurde wahr, ich wurde in die Bundesrepublik entlassen. Ich war freigekauft worden, und das war mein Glück. In Herleshausen überschritten wir die Grenze und waren frei, wirklich frei. Gott hatte mich buchstäblich aus der Haft gerissen, und in mir verspürte ich eine innige Dankbarkeit. Nun fieberte ich nur noch dem Tag entgegen, an dem ich meine Frau und meine drei Söhne in die Arme schließen konnte. Dieses wunderbare Erleben folgte schon bald. Aber mir fehlen die Worte, dieses Glück zu beschreiben. Die Tage meines Elends hatten ein Ende gefunden, und Gottes Zusage war für mich Gewissheit geworden. Buchstäblich hatte er mich aus dem Kerker herausgerissen.

Simone

Hätte ich bloß meinen Mund gehalten. Unter den Freizeitgästen hatte ich ein Kind erblickt und freudestrahlend zu den Eltern gesagt: „Schön, dass Sie Ihr Töchterchen mitgebracht haben." Überraschend kam ihre Antwort: „Töchterchen? Unsere Simone ist eine junge Frau und schon 34 Jahre alt. Wir werden in diesen Tagen hier in der Tannenhöhe ihren Geburtstag feiern." Warum nur passierte mir ein solcher Fauxpas? Diese Situation war mir wirklich peinlich. Ich zuckte zusammen. „Sie müssen sich nicht aufregen", sagte die Mutter. „Das passiert uns immer wieder. Simone kam schwerstbehindert auf die Welt. Die Zahl der Chromosomen stimmte nicht überein, und so ist sie in ihrer Entwicklung auf der Stufe eines Kindes stehen geblieben. Sie hat nicht wie andere Kinder Fortschritte machen können. Schmächtig, klein und zart ist sie geblieben, während andere in ihrem Alter groß und stark sind. Sie hat auch erst sehr spät und unter großen Mühen das Sprechen gelernt, und Fremde können sie oft nicht verstehen. Wir Eltern aber wissen oder erahnen, was sie uns sagen will. In einer Schule für Behinderte hat sie sogar Schreiben und Lesen gelernt. Die Bibel ist ihre Freude. Sie malt gerne Sprüche aus der Bibel und verschenkt sie dann an Freunde und Bekannte, die zu uns ins Haus kommen. Natürlich helfen wir ihr dabei und merzen Rechtschreibfehler aus. Ihre Liebe zu Jesus ist innig und tief, und Beten ist ihre Leidenschaft. Natürlich konnten wir es zunächst nicht begreifen, warum gerade uns ein Baby mit Down-Syndrom in die Arme gelegt wurde, aber wir haben im Laufe der Jahre erkennen dürfen, welch ein wertvolles Kind Simone ist. Wenn wir zu einer Bibelfreizeit fahren, nehmen wir sie immer mit, und sie liebt besonders die Aidlinger Schwestern im Rüstzentrum Villingen. Hier hat sie ihr geistliches Zuhause gefunden, und sie versteht mehr in den Andachten, als man meinen würde. Wir sind froh und danken Gott, dass wir Simone haben dürfen. Unser behinderter Schatz ist uns wertvoll, und wir lieben ihn. Diese Liebe aber lässt Simone zu uns zurückfließen."

Ich drückte dem Vater und der Mutter fest die Hand. In diesen acht Tagen, die wir auf der Tannenhöhe verbrachten, wurde auch mir Simone sehr bedeutsam. Sie schlief direkt im Zimmer neben uns, und bevor sie abends zu Bett ging, winkte sie zu uns herüber und wünschte uns eine Gute Nacht. Morgens stand sie schon früh auf dem Balkon, beobachtete den Sonnenaufgang und freute sich am Gesang der Vögel. Noch vor dem Frühstück trafen wir uns zum Beten. Simone fehlte nie. Daran hätte sich manch ein Gesunder ein Beispiel nehmen können. Schade, dass diese gesegnete Zeit so schnell vorüberging und der Tag der Abreise kam. „Simone", drückte ich sie fest an mich, „du bist einfach wunderbar. Ich danke dir für die gute Nachbarschaft auf unserem Stockwerk und für deine Liebe.

Du hast unsere Freizeit sehr bereichert.“ Nicht alles konnte ich von ihrem Beten verstehen, aber das war ja auch nicht nötig. Mir hat ihre Treue imponiert, und oft war ich erstaunt, wie viele Gebetsanliegen ihr über die Lippen kamen. „Ich bete auch für Sie, Frau Bormuth, und habe Ihren Namen schon auf meine Gebetsliste geschrieben.“

Im Stillen musste ich denken: Danke, du liebes Kind, ich wünschte, ich wäre in meiner Fürbitte für andere so zuverlässig wie du. Du bist klein und zart, was deine Körpergröße betrifft, aber stark und reich im Glauben an Gott. Dein Einsatz im Reich Gottes ist bewundernswert. Ich wurde neu froh über dem Wort der Bibel: „Aus dem Munde der jungen Kinder hast du, Herr, dir eine Macht zubereitet.“

Begegnung mit einer Mörderin

Als Christina (Name wurde geändert) zu den Rüsttagen eingeladen wurde, war sie sehr glücklich und atmete auf. Endlich war jemand aus dem Ort auf sie zugekommen und hatte Kontakt mit ihr aufgenommen. Lange hatte sie überlegt, ob sie nach allem, was geschehen war, überhaupt noch in ihrem Dorf bleiben konnte. Die Zeit nach der Entlassung aus der Justizvollzugsanstalt verlief äußerst schwierig. Ihre Nachbarn und früheren Schulkameraden schlugen einen weiten Bogen um sie. Keiner, außer Irene, sprach ein Wort mit ihr. Zusammen hatten sie den Konfirmandenunterricht bei Pfarrer Richter besucht. Aber später trennten sich ihre Wege, da Irene mit ihren Eltern nach Chemnitz zog, wo der Vater eine neue, bessere Arbeitsstelle gefunden hatte. Nach einigen Jahren kehrte Irene aber wieder in ihren Heimatort zurück. Heinrich, der Sohn des reichsten Bauern, hatte Gefallen an ihr gefunden. Sie verliebten sich und schon ein Jahr später heirateten sie. Ja, sie wurde sogar Christinas Nachbarin. Leider war die Zeit des gemeinsamen Miteinanders sehr kurz; denn es geschah etwas Schreckliches.

Aber ich will die Geschichte von Anfang an erzählen, wie es zu diesem unheilvollen, bösen Ereignis kam.

Christina war das neunte Kind einer Familie. Die Kinder hatten alle verschiedene Väter. Sie war die Jüngste. Ihr Vater war unter den katastrophalen Umständen, die in diesem Hause herrschten, zum Trinker geworden, und so geriet die Familie oft in entsetzliche Not. Wer kann schon ahnen, wie es hinter den Fenstern eines Säufers aussieht?

Ständig gab es Streit zwischen den Eltern. Wenn der Vater betrunken war, wurde er unausstehlich und rabiat. Christina trug noch immer die Narben der schlimmen Prügel an ihrem Leib. Oft holte sie der Vater abends spät aus dem Bett und schickte sie in die Wirtschaft, damit sie neuen Nachschub an Bier und Schnaps holte. Wollte sie nicht gleich gehorchen, weil sie noch ganz schläfrig war, dann schnallte der Vater seinen Gürtel ab und schlug auf das Kind ein. Manchmal blutete ihr Rücken, wenn sie von der Schnalle getroffen wurde. Heulend lief sie dann in die Finsternis hinaus zum Wirt und holte Wodka, Whisky und Rum. So wurde ihre Kindheit vom Elend und der Brutalität des Vaters überschattet. In ihr staute sich viel Wut und Hass an, und sie wäre seelisch darüber zugrunde gegangen, wenn sich Irene nicht ihrer angenommen hätte. Die anderen Klassenkameradinnen mieden jeden Umgang mit dieser Familie. Im Ort hieß es: „In der Lindenstraße 15 wohnen die Assis.“ Wie bitter ist es gerade für Kinder, wenn ihnen solch ein Makel aufgedrückt wird. Schlimm wurde es für sie, als Irene sie verlassen musste, weil nun der Vater Arbeit in Chemnitz gefunden hatte. Einsam wurde die Schülerin. Aber zum Glück fand sie nach der Schulentlassung Arbeit in einer Wäscherei. Christina geriet immer dann in Wut, wenn der Vater ihr das schwer verdiente Geld einfach abnahm und es in Schnaps umsetzte. Sie hatte doch auch Wünsche und träumte davon, sich wie ihre Kolleginnen mal ein hübsches Kleid oder neue Schuhe zu kaufen. Wie gerne hätte sie sich mit 18 Jahren eine eigene Wohnung angemietet, um dem Elend zu Hause zu entgehen. Aber solange Vater keinen Pfennig in ihrer Geldbörse übrig ließ, war dies nicht möglich. So blieb sie weiter in der Familie. Die Dorfbewohner mieden ihr heruntergekommenes Haus und zeigten mit Fingern auf sie. Oft war das junge Mädchen verzweifelt, und in ihrem Innern staute sich der Hass gegen den Vater an. Sie sann nach einem Ausweg und beschäftigte sich schließlich nur noch mit dem einen Gedanken, wie sie den Vater aus dem Weg räumen könnte. Er zerstörte ja nicht nur ihr Leben, sondern auch das ihrer Mutter und ihrer acht Geschwister. So verfiel sie auf eine teuflische Idee. Mit E 605 wollte sie den Tyrannen der Familie beseitigen. Das hatte sie in einem Film gesehen, und diese Tat erschien ihr sehr einfach. Im Keller stand noch eine fast volle Dose dieses Unkrautvernichtungsmittels im Regal, das die Mutter im Garten verwendete, wenn Löwenzahn und Quecken zu üppig wuchsen. Manchmal kamen ihr auch Bedenken, aber bei jeder neuen Demütigung durch ihren Vater verstärkte sich in ihr der Entschluss, ihn zu töten. An den Wochenenden arbeitete sie manchmal als Aushilfe in einer Kneipe. Hier könnte sie das Gift in ein Glas Bier mischen, wenn der Vater mit seinen Stammtischbrüdern in einer Runde beisammensaß. Für sie schien alles sehr einfach und ohne Komplikationen zu verlaufen. Sie schüttete unbesehen von den anderen Gästen das Gift ins Bierglas, das der Wirt ihrem Vater bringen sollte. Dabei geschah das schreckliche Missgeschick. Nicht dem Vater wurde das vergiftete Glas Bier gebracht, sondern dem Bürgermeister des Ortes. Kurz darauf wälzte er sich vor entsetzlichen Schmerzen auf dem Fußboden. Sofort wurde ein Arzt herbeigerufen, aber das Gift verfehlte seine Wirkung nicht, und nach qualvollem Leiden verstarb der Bürgermeister schon nach wenigen Minuten. Sofort erschien die Kripo und schaltete die Spurensicherung ein. Christina aber hatte das fatale Malheur gesehen und in ihrer Panik verließ sie fluchtartig die Kneipe. Dadurch machte sie sich erst recht verdächtig. Sie fragte sich, wie es nur zur Verwechslung der Gläser gekommen war, und war todunglücklich. Ihr Vater lebte noch immer, und der Bürgermeister – ein Vater von vier Kindern – war elend verstorben. Eine Hausdurchsuchung wurde angeordnet, und dabei entdeckten die Polizisten das Gift im Keller. Sie wurde zur Polizeistation mitgenommen und lange verhört. Als sie sich in Widersprüche verwickelte, wurde Untersuchungshaft verhängt. Ihre wenigen Habseligkeiten wurden auf einer Liste registriert und in einen Karton verpackt. Ab jetzt musste sie Gefängniskleidung tragen. Eine Aufseherin führte sie einen langen Gang entlang bis zu ihrer Zelle. Nun saß sie da auf einem Holzschemel und war total niedergeschlagen. Noch nie hatte sie sich so elend gefühlt. Wut, Hass und Empörung ihrem Vater gegenüber hatten sie zu diesem Mord getrieben, der dazu noch einem wertgeachteten Familienvater den Tod gebracht hatte. Den Tyrannen in ihrer Familie hatte sie aus der Welt schaffen wollen, der ihrer Meinung nach auch den Tod verdient hatte. Zu brutal und sadistisch hatte er sich ihr gegenüber verhalten und ihr die schönsten Jahre der Kindheit und Jugend zerstört. Nun lebte er noch immer, sie aber saß eingesperrt in der Zelle. Ihre Ängste trieben sie fast in den Wahnsinn. Sie überlegte, wie sie sich das Leben nehmen könnte. Was würde die Gerichtsverhandlung bringen? Erst nach einigen Monaten wurde das Urteil gesprochen: 15 Jahre Haft wegen heimtückischen und brutalen Mordes an einem unschuldigen Menschen. Diese endlose Zeit würde sie nicht durchhalten können. Und welche Chancen blieben ihr danach? Im Grunde hatte sie ihr Leben verspielt. Nach der Verurteilung wurde sie mit einer anderen Insassin in eine neue Zelle verlegt. Es war eine Kindsmörderin, wie sie später von ihr selbst erfuhr. Nun war sie wenigstens nicht mehr allein und hatte eine Gleichaltrige gefunden, mit der sie reden konnte. In der Wäscherei der Justizvollzugsanstalt wurde sie zur Arbeit eingeteilt. Einmal am Tag war eine Stunde lang Freigang auf dem Hof angesagt. Dankbar empfand sie auch das Angebot wertvoller Bücher. Gerade an den Wochenenden verschlang sie einen Roman nach dem anderen. Schon als junges Mädchen hatte sie sich in jeder freien Minute ins Lesen vertieft, und so flüchtete sie jetzt in eine andere Welt und vergaß für kurze Zeit das Eingesperrtsein. Jahr um Jahr verging. Eine Strafmilderung wurde ihr nicht in Aussicht gestellt, da ihre Tat heimtückisch und brutal war. Bis auf den letzten Tag musste sie für ihr Vergehen büßen. Lichtpunkte in ihr sonst so ödes Dasein brachte der Besuch von Irene. Sie war die Einzige, die zu ihr kam. Von ihrer Familie ließ sich niemand blicken. Mit einer Mörderin wollte keiner etwas zu tun haben.

Und dann kam doch die lang ersehnte Stunde, da sie aus der Haft entlassen wurde. Wieder war es ihre Freundin, die vor dem Gefängnistor auf sie wartete und sie zunächst in ihr Haus mitnahm, bis sie sich ein eigenes Zimmer mieten konnte und Arbeit fand. Ihr früherer Chef leitete immer noch die Wäscherei und erklärte sich bereit, sie wieder einzustellen. Im Ort aber wurde sie verachtet, und keiner wollte auch nur ein Wort mit ihr reden. Diese Haltung der Dorfbewohner wäre nur schwer zu verkraften gewesen, wenn nicht Irene zu ihr gestanden hätte. Sie nahm sich ihrer an, lud sie am Sonntag zum Gottesdienst und zum Mittagessen ein. So verbrachte sie mit ihrer Freundin ihre gemeinsame freie Zeit. Irene war es auch, die sie zur Rüstzeit anmeldete und sie mit dem Auto ins Bibelheim brachte. Sie sollte hier schöne Urlaubstage verbringen. Außer mir wusste keiner, dass Christina 15 Jahre im Gefängnis gesessen hatte. Sie wirkte sehr schüchtern, freute sich aber doch über die frohe, lockere Atmosphäre im Haus. Ja, sie genoss diese 14 Tage und nahm auch an allen Angeboten der Freizeit teil. Pünktlich erschien sie am Morgen zu der Bibelarbeit und am Abend zu den Vorträgen. Bei einem gemeinsamen Spaziergang versuchte ich mit ihr ins Gespräch zu kommen, aber sie blieb mir gegenüber sehr verschlossen. Das Leben hatte ihr tiefe Wunden geschlagen. Es würde sicher Jahre dauern, bis sie heilen würden. Und doch gewann ich den Eindruck, dass sie sich in unserem Kreis sehr wohlfühlte. Nur reden wollte sie nicht, und das konnte ich auch gut verstehen. Meine Hoffnung ist, dass Gottes Wort auch bei Christina Wurzeln schlägt und sie zum Frieden mit Gott findet. Ich will diese junge Frau mit ihren 38 Jahren im Gedächtnis behalten und ihren Namen im Gebet vor Gott bringen.

Jakob, das Meerschweinchen

Es gibt ein Wort aus dem Hohelied Kapitel 2,15, das mich heute wieder sehr nachdenklich gestimmt hat: „Fanget uns die Füchse, die kleinen Füchse, die die Weinberge verderben; denn unsere Weinberge haben Blüten gewonnen." Ich werde an Matthias erinnert. Voller Freude kommt er eines Tages in die Küche und ruft: „Mama, der Bauer Heuser, bei dem ich immer die Milch hole, hat mir sein Meerschweinchen geschenkt. Kann ich den Käfig im Untergeschoss neben den Heizungskeller stellen?" Weil gerade das Telefon klingelt, sage ich schnell Ja und nicke ihm noch zu. An diesem Tag hatte ich in unserer Oberhessischen Zeitung annonciert und ein möbliertes Zimmer angeboten. Nun werde ich ständig angerufen. Es ist Ende September, und viele Studenten wollen ihr Studium in Marburg beginnen. Die Wohnungsnot ist groß. Als um 10 Uhr ein junges Mädchen vor der Tür steht, führe ich sie ins Untergeschoss. Aber, o Schreck, dort stinkt es scheußlich. Ich bin entsetzt, und auch die Studentin verlässt schnell unser Haus. „Matthias, du musst das Meerschweinchen sofort wieder zum Bauern zurückbringen. Hier unten ist es vor Gestank nicht auszuhalten. Schaff mir das Tier aus dem Haus, dalli, dalli!"

„Aber Mama, ich habe doch Jakob geschenkt bekommen. Er ist jetzt mein Meerschweinchen. Ich will es nicht wieder abgeben."

„Red nicht so viel", falle ich meinem Sohn ins Wort. „Nie und nimmer werde ich das Zimmer vermieten können. Geh und riech selbst, wie penetrant der Geruch ist."

„Aber Mama!"

„Nix aber Mama, nimm den Käfig und schaff das Tier sofort wieder zum Bauern." Ich sehe noch, wie das Lachen aus dem Gesicht meines Sohnes schwindet, mit dem er mir noch vor ein paar Minuten zugelächelt hat. Traurig stellt Matthias den Stall auf den Handwagen und fährt den Berg hinunter. Ich lüfte im Untergeschoss alles gut durch und schon eine Stunde später unterschreibe ich den Mietvertrag mit einem Medizinstudenten. Für mich ist die Sache mit dem Meerschweinchen erledigt. Aber beim Mittagessen geht es recht wortkarg bei uns zu, was sonst nie der Fall ist. Matthias stochert nur so in seinem Gulasch herum – es schmeckt ihm heute nicht. Er redet nicht mehr mit mir. Ich greife das Problem vom Vormittag nicht wieder auf und wende mich meiner Hausarbeit zu. Jahre später beschleicht mich ein mulmiges Gefühl, wenn ich an Jakob denke. Die Sache mit dem Meerschweinchen wühlt mich auf. Ich habe meinem Sohn seine große Freude zerstört, dass er wie seine Freunde auch ein Haustier haben wollte. Außerdem war es ja ein Geschenk von dem Landwirt, der ihn jeden Abend freundlich mit Milch und manchmal auch mit Eiern bediente. Hätte ich die Geschichte mit dem stinkenden Stall nicht auch anders lösen können? Die Jauche hatte das Holz des Käfigs versippt. Aber wenn ich für Matthias einen anderen Käfig gekauft und er ihn regelmäßig gereinigt hätte, dann hätte er seinen kleinen Jakob im Untergeschoss stehen lassen können. Ich aber dachte nur an die Vermietung und hatte meinen Jungen nicht in seinem Weh beachtet. Matthäus 18,10 mahnt mich: „Sieh zu, dass du nicht jemanden von diesen Kleinen verachtest; denn ich sage dir, ihre Engel im Himmel sehen allezeit das Angesicht ihres Vaters." Und auch der Vers von dem Weinberg versetzt mich in Unruhe. Ich wende das Wort auf meine Kinder an; denn auch sie stehen mitten in der Blütezeit. Bei Matthias habe ich bestimmt eine Blüte zerstört. Ich bin an meinem Kind schuldig geworden. Aber heute habe ich noch die Chance der Wiedergutmachung. Ich will mit ihm darüber reden und mich entschuldigen. Für seinen kleinen Sohn will ich ein Meerschweinchen kaufen, sobald er etwas größer geworden ist. Das verspreche ich ihm.

Apfelbrei mit Scheck

Immer wenn die Nächte kühler werden und das Obst von den Bäumen fällt, bringt mir mein Mann aus dem Garten einen Korb mit Boskop in die Küche, und ich koche köstlichen Apfelbrei. Dabei bin ich mit der Zeit erfinderisch geworden; denn oft haben sich meine Kinder beschwert: „Gibt es heute wieder Apfelbrei?", murrten sie. Aber ich variierte den Nachtisch in dieser Herbstzeit. Mal kochte ich Apfelbrei mit Zimt und Vanille, mal mischte ich eine Quarkspeise darunter oder einen Pudding. Und wenn es besonders gut schmecken sollte, verzierte ich die Kompottschüssel mit Schlagsahne oder stellte eine Packung Eis dazu.

Nun ist die Zeit längst vorbei, als unsere Kinder das Haus bevölkerten, aber ich koche noch immer Apfelbrei. Heute habe ich einen Topf für Diabetiker zubereitet, weil ich damit meinen Schwiegersohn beglücken will und ich selbst Diabetikerin bin. Mein Mann bringt die Tupperschüssel ins Wohnzimmer und stellt sie auf den Tisch, direkt auf den Briefumschlag. „Für Klaus Apfelbrei mit Scheck!", sagt er mit einem Lachen auf dem Gesicht. „Der wird Augen machen, wenn er beides sieht."

Es war mir klar, dass wir wie jedes Jahr zu Semesterbeginn ein größeres Opfer für das Bibelseminar geben sollten. Über 220 junge Menschen bevölkern das Gelände dieses Instituts, in dem die Studierenden zu Missionaren, Katecheten und zu Erziehern ausgebildet werden. Außerdem ist es dort auch möglich, das Fachabitur zu erwerben. In diesem Bereich unterrichtet unsere Tochter ehrenamtlich Mathematik. Sie leidet zuweilen mit ihren Studenten, ob sie auch alle das Prüfungsziel erreichen, und ist glücklich, wenn dies gelingt. Natürlich braucht eine solche missionarische Einrichtung Geld, viel Geld sogar, damit alle Lehrer ihren Lohn erhalten und auch neue Unterrichtsräume geschaffen werden können. So freue ich mich jetzt schon, wenn Klaus – er ist Direktor des Bibelseminars – das kräftige Opfer heute entgegennimmt und wieder eine Lücke in seinem Etat damit stopfen kann. Der Apfelbrei ist nur eine Beigabe und soll ihm das Leben versüßen. Da ich in meiner „Stillen Zeit" am Morgen meine Bibel fortlaufend lese, bin ich beim neunten Kapitel des zweiten Korintherbriefs angelangt. Schon die Überschrift „Der Segen der Geldsammlung" erfreut mich, und ich lese die Verse mit Begeisterung. Sie passen heute genau zu meinem Vorhaben und ermutigen mich, denn nicht immer gebe ich mein Opfer aus dankbarem, willigem Herzen. Manchmal flüstert mir der Teufel ins Ohr: „Das Geld hättest du auch deinen fünf Kindern geben können." Satan ist wirklich ein gemeiner und schrecklicher Versucher und möchte mir die Freude am Opfer nehmen. Wie gut, dass mir das Wort der Heiligen Schrift Korrektur und Leitlinie ist. So lese ich: „Unser Opfer soll eine Gabe des Segens sein und nicht des Geizes. Und wer kärglich sät, wird auch kärglich ernten. Wer da sät im Segen, der wird auch ernten im Segen; denn einen fröhlichen Geber hat Gott lieb." Und an einer anderen Stelle heißt es:

„Diese Sammlung mindert nicht nur den Mangel der Gemeinde, sondern führt auch ins Lob Gottes hinein." Der Schlussvers setzt aber allem die Krone auf: „Gott aber sei Dank für seine unaussprechliche Gabe." Ja, das ist wahr. Durch die Hingabe seines Sohnes an diese Welt hat uns Gott reich beschenkt. So will ich meine Geldgabe in großer Demut und Freude bringen, denn in Jesus ist mir ein Vorbild gesetzt. Dem Teufel aber will ich mit dem Wort Jesu begegnen, als er den Gottessohn versuchen wollte: „Weg mit dir, Satan, denn es steht geschrieben: Du sollst anbeten den Herrn, deinen Gott, und ihm allein dienen." So versetzen mich Jesu Worte in eine frohe, zuversichtliche Stimmung. Heute wird es ein guter Tag werden, denn ich darf mit meinem Opfer Gott loben.

Das Rauhe Haus

Im Fernsehen sah ich einen Bericht über die Straßenkinder in Berlin. Es ist erschütternd zu hören, wie in unserem reichen Land viele junge Menschen zugrunde gehen. Sie schwänzen die Schule, hauen von zu Hause ab, schlafen nachts unter Brücken, auf Parkbänken und unter Torbögen, werden von Dealern zum Drogenkonsum verführt, müssen stehlen, um sich das Geld für Heroin, Kokain und andere Betäubungsmittel zu verschaffen, und es ist kein Einzelfall, dass sie an einem goldenen Schuss, wie sie ihren Tod nennen, sterben. Was müsste unser Land tun, um dieser Not zu begegnen? Mich hat der Bericht in große Unruhe versetzt, denn Kinder sind das Wertvollste, das uns Menschen geschenkt wird. Sie sind unsere Zukunft. In der Unruhe meines Herzens wurde ich an einen Mann erinnert, der vor etwa 200 Jahren geboren wurde. Ähnliches hat er vor den Toren Hamburgs erlebt. Es war die Liebe Christi, die Johann Hinrich Wichern drängte, diesen Kleinen Fürsorge und Geborgenheit angedeihen zu lassen. Ich habe mich in seine Biografie vertieft und war vom Handeln dieses Mannes tief bewegt. Wer war Johann Hinrich Wichern?

Es muss ein wunderbarer Tag gewesen sein, als er am 21. April 1808 geboren wurde. Denn für viele Kinder sollte er später einmal zum Retter werden. Er entstammte einem schlichten Elternhaus. Der Vater war der Sohn eines Arbeiters und sollte einmal Spengler werden. Leider wurde er sehr krank und konnte diesen Beruf nicht ausüben. So versuchte er, mit verschiedenen leichteren Beschäftigungen seine Brötchen zu verdienen und war auch eine Zeit lang Mietkutscher. Aber dann gelang es ihm, sich bei einem Notar gewisse Kenntnisse anzueignen, sodass er danach selbst ein Rechtsanwaltsbüro leiten konnte. In der damaligen Zeit brauchte man hierfür keine akademische Ausbildung. Es ist schon erstaunlich, dass dem Vater ein solcher beruflicher Aufstieg gelang, und es lag ihm am Herzen, dass auch sein ältester Sohn eine hervorragende Karriere machen sollte. Außer Johann Hinrich lebten noch sechs weitere Kinder in der Familie. So konnte der Älteste eine Privatschule für Buben besuchen und wechselte später in eine Bibelschule über. Der Vater war stark daran interessiert, dass Johann Hinrich sich auch auf musikalischem Gebiet weiterbildete. Er nahm Klavierunterricht, und Musik wurde seine Welt. Es war ihm auch eine klangvolle, wunderbare Stimme geschenkt. Einige seiner Lehrer meinten, er könne sogar die Musik zu seinem Beruf machen. So hat er auch später im Rauhen Haus der Musik ein weites Feld eingeräumt. Mehr als 120 junge Stimmen waren befähigt, ohne Instrumentalbegleitung das Große Halleluja aus Händels Messias aufzuführen. Aber Johann Hinrich Wichern erlebte auch viel Schweres. Sein Vater verstarb schon mit 47 Jahren, und sein

Tod riss eine tiefe Wunde in seinem jungen Leben. Der Verzicht auf seinen geliebten Vater, mit dem ihn ein inniges Verhältnis verband, stürzte ihn plötzlich ins Leere. Es fehlte ihm der Mensch, der ihn wirklich verstehen konnte. Außerdem musste er seiner Mutter helfen, die sechs Geschwister zu ernähren. Schon als Sechzehnjähriger erteilte er Klavierunterricht, und seine erste Schülerin war eine zwanzigjährige junge Frau. Aber auch in den alten Sprachen wie Griechisch und Latein gab er Unterricht und beaufsichtigte die Kinder in einer Lehranstalt. Sein eigener Studiengang im Johanneum musste nun zurückstehen. Als er seine Lehrtätigkeit an einer christlichen Erziehungsanstalt für Söhne höher gestellter Familien vermehrt aufnahm, verließ er das Johanneum, ohne einen Abschluss geschafft zu haben. Aber sein Abgangszeugnis war doch so hervorragend, dass er sich noch die nötigen Kenntnisse erwerben konnte, um in das vorgesehene Theologiestudium einzusteigen.

In dieser Zeit fing er auch an, Tagebuch zu führen. An seine Braut schrieb er: „Je strenger einer gegen sich selbst ist, desto freundlicher und nachgiebiger ist er gegen andere.“ Als er merkte, wie er vom Stolz über sein Können beherrscht wurde, ging er hart mit sich ins Gericht. Er empfand diese Unart als seinen alten „Quäler und Sündenkommandant“. So betete er: „Herr, hilf mir und mach mich stark, gegen diese zügellose Eitelkeit anzukämpfen.“ Oft fühlte er sich leicht hinten angestellt und war verletzt. Er litt unter seiner Wehleidigkeit und konnte auch gegenüber seinen Schülern sehr zornig werden. Sogar seiner Mutter gegenüber reagierte er unbeherrscht. Das tat ihm dann leid.

Als er den Durchbruch zu Gott erfahren und seine Wiedergeburt erlebt hatte, erwachte in ihm auch ein starker Drang, wissenschaftlich zu arbeiten. Seine intellektuellen Fähigkeiten wurden in ihm geweckt, und das helle Licht des Evangeliums erleuchtete ihm auch die Wissenschaft. Dieses frohe Erleben fiel in die Zeit, als er mit siebzehn Jahren in den Konfirmandenunterricht ging und Diakon Wolters, ein bekenntnistreuer Theologe, ihm die Wahrheiten des Evangeliums nahebrachte. Noch im Alter betonte Wichern, wie entscheidend dieser Unterricht für sein ganzes Leben gewesen sei. Ihm verdanke er die Hinwendung zu Christus. Stark beeindruckt wurde er auch von Pastor Johannes Claudius, dem ältesten Sohn von Matthias Claudius. Er hatte ihn im Sommer 1826 zweimal besucht, und das bewirkte in ihm, wie er selbst sagte, „eine große, ungeheure Veränderung". Jahre später schrieb er an seine Braut, wie er das Bewusstsein gewonnen habe, dass wir einen großen Gott haben, der uns unaussprechlich liebt und heiligen will. Wenn Pastor Claudius von seinem heiteren, frommen Vater erzählte, dann ging dem jungen Wichern das Herz auf. Mit großer Andacht und stiller Verehrung las er, was der „Wandsbecker Bote" der Nachwelt an froher, christlicher Lebensweisheit hinterlassen hatte.

Eine besonders innige Beziehung über viele Jahre entwickelte Wichern zu Senator Hudtwalcker, der von der Erweckungsbewegung erfasst war und sich mit aller Schärfe gegen die rationalistische Theologie aussprach, die damals in der Kirche verbreitet war. Wichern litt unter der Auseinandersetzung mit den Vertretern des Rationalismus und betete: „Allmächtiger Vater, sieh herab auf diese Blindheit, erleuchte, bessere, tröste, die Jesus Christus durch seinen Tod vom Bann des Todes erlöste. Stärke aber auch mich, dass ich mit rechten Waffen gegen solche kämpfe, das ist das Gebet durch Jesus Christus."

Ein neuer Lebensabschnitt begann für ihn, als er an einem sonnigen Oktobertag Hamburg verließ, um zum Studium nach Göttingen zu reisen. Freunde hatten ihm Geld gegeben, und so war sein Studium gesichert. Bei aller Arbeit – er gab auch hier wieder Privatstunden – war der junge Student doch glücklich. Er traf mit Menschen zusammen, die seinen Horizont erweiterten und ihn damit beglückten. Mit großer Freude schrieb er seiner Mutter von seinen Lehrern, an denen er mit großer Verehrung hing.

Im Frühling 1830 verließ er Göttingen und fuhr über Halle nach Berlin. In Halle lernte er die Francke'schen Stiftungen kennen. In Berlin begegnete er auch dem alten Baron von Kottwitz. Über ihn schreibt er: „Wie Demut, Liebe und Freudigkeit den ganzen Menschen verklären, wird selten auf Erden so herrlich gesehen wie bei diesem fast achtzigjährigen Greis." Überhaupt war Berlin eine reiche Zeit, für die er sehr dankbar war. Obwohl während seiner

Studienzeit die großen Dichter und Romantiker einen tiefen Eindruck auf ihn machten, blieb Matthias Claudius sein liebster Dichter, von dem er sagte: „Wie ein warmes, tröstendes Licht leuchtet über all seinen Dichtungen das Geborgensein in Gottes Händen." Luthers Schriften arbeitete er gründlich durch und richtete sich zeit seines Lebens an dieser kraftvollen Persönlichkeit auf. Täglich las er ein Stück aus der Bibel; wenn möglich schrieb er ein Kapitel ab. So ging Wichern bereichert an Schätzen des Geistes und des Herzens nach Hamburg zurück, wo er im April 1832 das theologische Examen mit der Note „gut" bestand. Es war das erste und letzte Examen seines Lebens.

In den entscheidenden Werdejahren seiner Persönlichkeit hatte er tiefe Eindrücke von den sittlichen und religiösen Nöten seiner Zeit empfangen. Schon als Schüler wurde er in Kreise hineingezogen, die schwer an den Auseinandersetzungen und Spaltungen in der Kirche litten. Nach Hamburg zurückgekehrt, wurde er sogleich Mitglied des Besuchsvereins von Pastor Rautenberg, der ihn als Oberlehrer an seiner neu gegründeten Sonntagsschule anstellte. Darin hatte er die ärmsten Kinder gesammelt, damit sie wenigstens Lesen und Schreiben lernten und Religionsunterricht erhielten. Hier war Wichern in seinem Element und konnte seine großen Fähigkeiten als Lehrer und Erzieher entfalten. Bei seinen Hausbesuchen wollte er das Umfeld kennenlernen, in dem seine Sonntagsschulkinder lebten, und ging deshalb regelmäßig in die Elendsviertel der

Stadt. Es war nicht eigentlich die Armut, die ihm dabei so ans Herz griff. Armut hatte er seit dem Tod des Vaters selbst kennengelernt. Aber was ihm hier begegnete, war schmutzigstes Elend, nackte Verkommenheit und gänzliche Verwahrlosung. Der große, schlanke Mann mit den klaren, wachen Augen schritt erschüttert durch die Welt des Jammers. Aus den dunklen Wohnhöhlen starrten ihn die Menschen stumpf und feindselig an. Was wollte er bei ihnen? Fromme Reden halten? Sie hatten es sich in ihrem Sumpf eingerichtet. Ein paar Groschen für Schnaps erbettelten und ergaunerten sie sich täglich, um ihr Elend zu vergessen. Aber sie warfen Wichern auch nicht hinaus. Merkwürdigerweise schämten sie sich sogar vor ihm.

Seine Sonntagsschulkinder, die in solchen Verhältnissen lebten, wo nichts Gutes gedeihen konnte, mussten hier heraus. Nächtelang lag er wach und überlegte, wie diesem Problem abzuhelfen war. Und Gott ebnete ihm die Wege. Ganz von selbst brachten die Mitglieder des Besuchsvereins den Plan eines Rettungshauses auf. Als Leiter dieses Hauses kam für sie kein anderer in Frage als Wichern. Aber es fehlte an einem Haus, an Land und an Geld. Doch dann geschah ein Wunder. An einem herrlichen Frühlingstag teilte ihm einer der Freunde mit, er habe 300 Mark geschenkt bekommen. Das war damals viel Geld. Der Betrag sollte für eine Stiftung verwendet werden. Kurz darauf erreichte ihn auch die Nachricht, dass ein altes Ehepaar in seinem Testament 17.500 Mark den Ärmsten der Armen vermacht hatte.

Verwahrloste Kinder sollten eine Heimat finden. Die größte Gabe kam aber von einem Mann mit Namen Sieveking. Er habe draußen vor den Toren Hamburgs ein Gelände mit einem Haus, einem Gewächshaus, einem Brunnen und einem Fischteich. Diesen Teil seines großen Besitztums wollte er der Stiftung einverleiben. Es sei zwar alles verfallen und renovierungsbedürftig. Syndikus Sieveking lud Wichern zu einem Essen in seine Wohnung ein, wo alles Nähere besprochen und das Haus besichtigt werden sollte. Es trug schon von altersher den Namen „Rauhes Haus". Das riesige Gelände könnte zur Heimstatt für bedürftige Kinder werden.

Das alles erfüllte Wichern mit tiefem Dank gegen Gott. Ein Verwaltungsrat wurde gegründet, und mit großer Begeisterung machte sich Wichern ans Werk. In einer vollmächtigen Rede machte er den Versammelten deutlich, welch verantwortungsvolle Arbeit vor ihnen lag. Trotz seiner Jugend fanden seine Worte guten Anklang und wurden ernst genommen, denn aus seinen Augen strahlten Güte, Freundlichkeit und die Bereitschaft zu aufopferungsvoller Liebe für die Armen. Die Kinder mussten aus ihrer verderblichen Umgebung herausgeholt werden, damit man ihnen an Leib und Seele helfen konnte. Wichern schilderte seine Erfahrungen in den Elendsvierteln: „Sollen die Kinder in ihrer Umgebung, den Pflanzstätten der Laster, Schanden und Verbrechen bleiben? Dann werden sie Vagabunden, Bettler, Diebe und fallen sich selbst und dem Ganzen zur Last. Sie müssen heraus aus ihrer verseuchten Umwelt. Dass dem jungen Volk noch geholfen werden kann, das glauben und wissen wir.

Das Ganze sollte kein Massenbetrieb sein, der wie eine Kaserne oder ein Gefängnis geführt wurde. Mehrere kleine Häuser sollten gebaut werden, wo die Kinder in Familien aufwachsen konnten. Man müsste Helfer finden, die in einer Familie von 10 bis 12 Kindern die Elternstelle übernahmen und mit ihnen arbeiten, essen, schlafen und spielen konnten. Ein Betsaal sollte Mittelpunkt des Heimes sein. Es würden Andachten gehalten und Feiern veranstaltet werden, es sollte ernste Arbeit und frohe Erholung geben. Die Kinder sollten zu regelmäßiger Arbeit erzogen werden. Arm würden sie bleiben, aber sie sollten den Unterschied zwischen einer schamlosen und einer gesegneten Armut kennenlernen. So könnten sie sich aber nur entwickeln, wenn der rechte Geist die neue Gründung bestimmte. Das ist aber der Geist des Glaubens, der sich durch die Liebe tätig und geschäftig erweist."

Wicherns Rede wurde mit kräftigem Applaus bedacht. Als dann der vornehme Syndikus und der arme Kandidat sich auf den Heimweg machten, fühlten sie, dass an diesem Abend der Grund zu etwas Bleibendem gelegt war. Am Abend des Reformationstages 1833 brachte Wichern seine Mutter, seine Schwester und seinen Bruder ins „Rauhe Haus". Er selbst übernahm die Leitung dieses Werkes und gab aus diesem Grund andere verantwortliche Tätigkeiten auf.

Ein Glücksfall war es, dass Wichern unter den Helferinnen der Sonntagsschule seine Verlobte Amanda Böhme fand. Auch sie stammte aus einer großen, frommen Familie und lebte anspruchslos und bescheiden. Ein Leben lang hat sie Wichern treu begleitet. Aus den zahlreichen Brautbriefen, die ihr Verlobter an sie schrieb, wissen wir, wie innig und herzlich ihre Beziehung war.

Mit dem Einzug seiner Familie kamen auch schon die ersten drei Jungen, und am Ende des Jahres waren es schon 12. Sie stammten alle aus schlimmsten Verhältnissen und waren es gewohnt, zu stehlen, zu lügen und zu betteln. Ein Junge von 13 Jahren hatte schon 22 Diebstähle begangen. Etwas verwirrt schauten sich die Kinder in ihrer neuen Behausung um.

Betten waren ihnen fremd, da sie zu Hause meistens unter Treppen, auf Steinhaufen und unter Torbögen geschlafen hatten. Nun müsste ein neuer Anfang für sie gewagt werden. Beim Einzug ins „Rauhe Haus" sagte ihnen Wichern mit viel Liebe: „Mein Kind, alles aus deinem bisherigen Leben ist dir vergeben. Hier fängst du neu an. Sprich nicht zu den anderen Kindern von deiner Vergangenheit. Nie! Du bist hier nicht gefangen. Kein Zaun, kein Riegel, keine Kette hält dich fest. Liebe und Vertrauen sollen das Band sein, das dich an dieses Haus fesselt." Sicher starrte ihn manches Kind mit verständnislosen Augen an, aber im Laufe seines Aufenthaltes wurde es ihm bewusst: Das „Rauhe Haus" ist meine neue Heimat.

Ganz selten nur kam es vor, dass ein Kind ausrückte oder weggeschickt werden musste. Mut und abgrundtiefe Liebe gehörten dazu, um solche Kinder ihrem Elend und ihrer Gefährdung zu entreißen.

Viel Arbeit, ein unermüdlicher Glaube und göttliche Liebe waren für diese Aufgabe nötig. Dazu brauchte Wichern von Anfang an tüchtige Helfer, die im Sinne Christi einsetzbar waren und das Wort Jesu beherzigten: „Was ihr getan habt einem meiner geringsten Brüder, das habt ihr mir getan."

Handwerker waren ihm als Helfer am liebsten, denn die Jungen sollten ja zu praktischer Arbeit angeleitet werden. Zunächst kam ein Bäcker. Er erwarb besonders Liebe und Hochachtung bei den Jungen, weil er zwei der Kinder vor dem Ertrinken rettete. Mit den Buben baute er einen Backofen, in dem sie nun gemeinsam Brot für das „Rauhe Haus" backen konnten. Der zweite Handwerker war ein Tischler. Es machte den Kindern Freude, mit ihm zusammen schöne Sachen herzustellen. Auch zu landwirtschaftlichen Arbeiten wurden die Zöglinge herangezogen. Bei ihrer Tätigkeit auf dem Feld und im Garten vergaßen sie ihr notvolles Zuhause und die Erinnerung an die heillosen Strafen, die sie von Vater oder Mutter erlitten hatten. So entfaltete die Arbeit ihre heilende Kraft. Jeder im „Rauhen Haus" gewann den Eindruck: Ich werde gebraucht, ich bin geliebt und werde geachtet.

Zwei Jahre nach der Gründung des „Rauhen Hauses" wurde ein wunderschönes Fest gefeiert. Johann

Hinrich Wichern heiratete Amanda Böhme. Die neu gestiftete Glocke läutete, als das Paar an den Altar trat. Für die 34 Kinder wurde dies ein froher Tag. Ohne dass dies offiziell gefordert wurde, nannten nun die Kinder Amanda Mutter. Ein kleiner Junge, der im Garten herabgefallene Blätter zusammenkehrte, gebrauchte die Anrede „Mutter" zum ersten Mal, als Wicherns Frau an ihm vorbeiging. Die anderen taten es ihm gleich.

Wichern legte auch großen Wert darauf, dass die Helfer eine gute Ausbildung im pädagogischen Bereich erhielten; denn die Arbeit wuchs, und immer mehr verwahrloste und gefährdete Kinder wurden aufgenommen. Ihre größte Aufgabe war es, an ihnen Elternarbeit zu leisten.

1845, also 12 Jahre nach der Gründung, lebten 93 Kinder im „Rauhen Haus". In einem Jahresbericht schreibt Wichern: „Jesus Christus ist der Mittelpunkt unserer Arbeit. Das höchste Ziel bleibt: Durch alles sollen die Gemüter unserer Kinder zu diesem Retter aus Schuld und Sünde hingeführt werden. Jede Menschenseele, auch die von von der Welt verachteten Großstadtjungen, hat als Einzelne einen unendlichen Wert in Gottes Augen. Seine Eigenart soll geachtet werden." So wuchs die Arbeit und wurde für viele zum großen Segen.

Jenny ist verzweifelt

Jenny kenne ich nun schon mehrere Monate. Wenn ich sie auf der Straße treffe, bleibe ich für einige Augenblicke bei ihr stehen, und wir wechseln ein paar Worte. Heute aber klingelt sie an meiner Tür. „Frau Bormuth, Ihr Apfelbaum im Garten hat es mir angetan. Die roten Früchte vermitteln mir ein herrliches Bild, wenn die Sonne darauf scheint. Der Baum hängt ja mächtig voll. Könnte ich ein paar Äpfel haben?"

„Aber natürlich. Jetzt können Sie sich schon das Fallobst auflesen und später in ein oder zwei Wochen, wenn mein Mann die Äpfel pflückt, bringe ich Ihnen einen Korb voll. Der Erntesegen ist in diesem Jahr besonders reich. Darf ich Ihnen noch ein Schälchen Kompott anbieten?" Ich eile in die Küche und hole frisch gekochten Apfelbrei. „Der schmeckt aber gut", meint Jenny. „Ich werde morgen früh vorbeikommen und mir eine Tasche voll auflesen." Als sie wieder gehen will, entdecke ich in ihren Augen ein paar Tränen.

„Was bekümmert Sie?", frage ich behutsam. Die junge Frau setzt sich wieder auf das Sofa. „Frau Bormuth, ich komme gerade aus der Klinik. Ich habe mein Baby verloren. Das macht mich unheimlich traurig."

Ich rücke dicht an Jenny heran, lege meinen Arm um ihre Schultern und versuche sie zu trösten. Aber die

Sätze wollen mir nicht so recht über die Lippen kommen. Noch nie habe ich selbst so etwas Schweres erlebt, und deshalb fällt mir vielleicht das Trösten nicht leicht. Aber muss ich wirklich so viele Worte machen? In solch einer Situation redet ein Schweigen lauter, als es Worte vermögen. So sitzen wir nur still da, und ich halte ihre Hand. Nach einer halben Stunde verlässt mich Jenny wieder und geht zu ihrem Mann. Mir wird klar, dass es ihr gar nicht um die Äpfel ging. Sie brauchte einfach einen Menschen, dem sie ihr Leid mitteilen konnte.

Schon am nächsten Abend werde ich zu Jenny gerufen. Es habe einen Streit mit ihrem Mann gegeben, und nun sei sie schrecklich erregt und sitze weinend im Zimmer. Ich mache mich sofort auf den Weg.

Jenny hockt auf ihrem Bett und heult. „Frau Bormuth, Sie müssen wissen, das war in der Klinik keine Fehlgeburt, sondern eine Abtreibung. Mein Mann hat mich dazu gezwungen. Ich wollte das Kind, ja, ich habe mich sogar darauf gefreut. Aber Ulrich hat mich so stark unter Druck gesetzt, dass ich mich ihm gegenüber nicht wehren konnte. Ein Baby passe jetzt nicht in unsere Lebensplanung, hat er gesagt. Ich hätte jetzt gerade eine Stelle als Pferdewirtin angenommen und dürfe diesen Job nicht so schnell verlieren. Später könnte ich ja immer noch Kinder bekommen. Ich sei ja erst 26 Jahre. Warum nur habe ich mich von meinem Mann überrumpeln lassen? Ich bin schuld, ja, ich bin schuld."

Bei diesen Worten wirft sich Jenny auf den Fußboden, stützt ihren Kopf auf den Knien ab und bedeckt mit ihren Händen das Gesicht. Ihr Weinen wird zum Schreien. „Ich bin schuld. Ich habe mein Baby getötet, ich bin verzweifelt und will jetzt auch nicht mehr leben. Auf dem Nachttisch liegen die Schlaftabletten. Jetzt will ich nur noch schlafen und nie mehr aufwachen."

Ich knie mich zu Jenny auf den Teppich, bin aber unfähig, sie recht zu trösten. Meine Worte dringen einfach nicht an ihr Ohr. So verzweifelt sieht eine Mutter aus, die ihr Kind abgetrieben hat. Dieses Elend müssten sich alle ansehen, die zu einer Abtreibung raten oder darauf drängen. Sicher wären sie dann behutsamer in ihren Entscheidungen.

Mir wird klar, ich muss hier handeln. Das Leben von Jenny ist ernsthaft in Gefahr. Ich würde gerne mit ihr in die Klinik fahren, aber die junge Frau lehnt dies strikt ab. „Ich will da sein, wo mein Baby ist. Wir zwei gehören doch zusammen. Bitte, Frau Bormuth, verstehen Sie mich. Sterben will ich."

Hier muss die Polizei zu Rate gezogen werden, beschließe ich. Sie kommt auch gleich, und Jenny wird in die Klinik gebracht. Ich begleite sie noch bis zum Auto der Beamten und verspreche ihr, sie bald zu besuchen. Ich weiß, die Ärzte werden ihr helfen können. Zwei Stunden später bin ich wieder zu Hause.

Wut kommt in mir auf, wenn ich daran denke, wie leichtfertig zu einer Abtreibung geraten wird. Es stimmt einfach nicht, wenn gesagt wird: „Mein Bauch gehört mir!" In diesem Bauch wächst ein Kind heran, ein wunderbares Kind, ein Geschenk von Gott. Kein Mensch in dieser Welt hat das Recht, ein Kind zu töten und dann zu behaupten: „Der Job ist wichtig und mit dem Abbruch haben wir das Problem gelöst." Nichts ist gelöst, gar nichts. Alles ist noch viel schlimmer als zuvor. Wer kann in das von Tränen und Verzweiflung verstörte Gesicht von Jenny sehen und dabei nicht von einem tiefen Mitleid erfasst werden? Das Schreien dieser jungen Mutter müsste in unsere Gesellschaft dringen und uns allen die Augen öffnen für das entsetzliche Unrecht, das in unserem Land geschieht. Jenny ist ja nur ein erschreckendes Beispiel. Jeden Tag wird in unseren Kliniken getötet, und es ist nicht wahr, dass die Bedingungen in Deutschland so schlecht seien, dass eine Mutter ihrem Baby nicht das Leben schenken könnte.

Meine Mutter hat in den Wirren des verlorenen Krieges ihr fünftes Kind zur Welt gebracht. Wir lebten mitten im Chaos, waren Flüchtlinge, litten unter Wohnungsnot und Hunger, und doch hatten meine Eltern den Mut, die kleine Lilli als Gabe von Gott anzunehmen und großzuziehen. Heute ist Lilli selbst Mutter von sechs Kindern, arbeitet, nachdem ihre Kinder das Haus verlassen haben, als Psychiaterin und hilft Menschen in ihren Nöten. Aber wird ein solch positives Beispiel noch gehört? Das Wort der Bibel müsste uns Menschen wieder wach rütteln: „Kinder sind eine Gabe des Herrn, und Leibesfrucht ist ein Geschenk."

Glücksmomente

Gerade jetzt im Alter, wenn mich oft Düsternis und Schwermut befallen wollen, ist es ein Geschenk des Himmels, wenn sich frohe Erinnerungen einstellen. Heute war solch ein Tag. Der Postbote brachte mir einen Brief von meinem Sohn, dem ein Foto aus der Zeitung beigelegt war. Dort steht unser Enkel Emanuel auf einer hohen Leiter und mit seinen kleinen Fingerchen weist er auf das Spendenbarometer, das „zwanzigtausend" anzeigt. So viele Euros sind bisher zur Renovierung der Kirche eingegangen. Dabei lächelt der kleine Kerl so freundlich in die Kamera, dass mir als Großmutter das Herz weit wird. Ich muss denken: Du kleines Segenskind nimmst Anteil an der Arbeit deines Vaters. Mir fiel schon öfter auf, dass du gerne in den Gottesdienst gehst, wenn dein Vater predigt. Mit hellen wachen Augen nimmst du wahr, was um dich herum geschieht. Fröhlich und mit lauter Stimme singst du die Liturgie mit, und wenn du einen Choral schon kennst, dann stimmst du froh mit ein. Während des ganzen Gottesdienstes wirst du mit deinen vier Jahren nicht unruhig und störst auch nicht die Predigt. Das Vaterunser sprichst du schon mit. Neulich hattest du einen Fieberschub und konntest in der Nacht nicht schlafen. Als dein Vater an das Bettchen trat, hattest du die Hände gefaltet.

„Papa, ich unterhalte mich jetzt mit Gott."

„Und was sagst du ihm, mein kleiner Schatz?"

„Ich erzähle ihm, dass ich ihn ganz doll liebhabe und dass Jesus mein bester Freund ist."

Einmal besuchten wir die junge Familie und trafen Emanuel dabei an, wie er Kirche spielte. In die Mitte des Zimmers hatte er seinen Kindertisch gestellt. Das war seine Kanzel. Cornelius und Hanna Maria – seine älteren Geschwister – saßen auf dem Teppich und waren seine Zuhörer. Im Stillen habe ich dabei gedacht: Was wird wohl aus diesem Kindchen werden?

Bauer – er liebt nämlich die Tiere und freut sich, wenn er auf einem Trecker sitzen darf – oder Pastor? Jedenfalls ein Hirte, denn Pastor heißt Hirte. Vor Kurzem beschäftigte ich mich mit dem Lebensbild von Pastor D. Otto Funcke. Ich konnte mir ein Lachen nicht verkneifen, als ich Folgendes las: Otto Funcke war ein schwächliches Kind und bereitete den Eltern viele Sorgen. Manche Gemeindeglieder sagten ihm nur ein kurzes Leben voraus. Eines Tages kam ein „liebenswürdiges" Bäuerlein vorbei, als die Mutter das kränkelnde Kind gerade badete. Er konnte es nicht lassen, seine „gut gemeinten, tröstenden Worte" an den Mann oder besser gesagt an die Frau zu bringen.

„Ach, liebe Frau Doktor, wat es dat för en erbärmlich Kenkt (Kind)! Dat süht ja ut wie 'nen avgetrockenen Has (wie ein abgezogener Hase). Do wert sin Leven nix vann!"

Da richtete sich aber die Mutter auf und trat dem Ehrenmann wie eine Prophetin entgegen: „Lieber

Herr, Ochsen und Hammel schätzt man nach dem Gewicht, nach Fleisch und Knochen. Beim Menschen aber kommt es auf Kopf und Herz an, und die sind bei meinem Jungen in Ordnung. Und es könnte leicht passieren, dass er euch und eure Kinder noch lange überleben wird, denn ich will euch was sagen: Der Junge wird noch ein Prediger des Evangeliums werden." Diese beiden Weissagungen erfüllten sich tatsächlich.

Nun weiß ich nicht, welchen Beruf Emanuel einmal ergreifen wird. Das werde ich auch gar nicht mehr erleben. Aber das eine wünsche ich mir und erbitte es von Gott, dass er ein tüchtiges Gemeindeglied in unserer Kirche wird und fröhlich seinen Glauben lebt, ob als Bauer oder Pastor.

Nur zwei Scherflein

Heute erlebte ich einen beeindruckenden Gottesdienst in der Gemeinde unseres Sohnes. Es war Erntedankfest, und die Menschen strömten in Scharen zur Kirche. Gott für die reiche Ernte zu danken und ihn dafür zu loben, war der Anlass. Wieder war es ein Jahr, in dem das Korn, der Weizen, der Mais, der Raps, die Kartoffeln und die Rüben auf den Feldern wunderbar herangereift waren. Der Altar war geschmückt mit Früchten aus dem Garten. Besonders die großen roten Tomaten und die herrlichen Trauben hatten es mir angetan. Ich staunte aber auch über die riesigen Kürbisse, die frischen Salatgurken, das Brot, das Kraut und die Möhren. In unserem Land können wir uns noch jeden Tag satt essen. Wer im Krieg und nach dem Krieg Hungerzeiten erlebt hat, dem musste heute Morgen das Herz weit aufgehen. *Gott, du bist so groß und mächtig und sorgst für uns täglich neu*, musste ich denken.

Die Kinder hatten sich etwas Besonderes für diesen Gottesdienst ausgedacht: ein Lied, das uns alle zum Danken anregen sollte. Ich war überrascht, wie viele kleine Dichter es in ihren Reihen gab. Ich will uns die neun Strophen vor Augen führen:

Danke für meine guten Freunde, danke, dass ich leben darf.
Danke, dass ich größer werde, und für den Traum im Schlaf.
Danke für Zeit und Uhren, danke für jeden Wochentag.
Danke für jede neue Stunde, die ich erleben darf.
Danke für alle kleinen Katzen, danke für das Tigerlein.
Danke für die Papageien und das rosa Schwein.
Danke für alle bunten Farben, danke für die klassische Musik. Danke für alles, was wir haben, und die Politik.
Danke für alle schönen Meere, danke für alle Fische drin.
Danke für alle Lebewesen, die da zu Hause sind.
Danke für Äpfel und Bananen, danke für Kraut und Sellerie.
Danke für alle guten Gaben. Du vergisst uns nie.
Danke für alle bunten Blumen, danke für das grüne Gras. Danke für alle großen Bäume, die du erschaffen hast.
Danke für meinen Kuschelteddy, danke, den hab ich in der Nacht. Danke, dass er mich wie mein Engel immer stets bewacht.
Danke für diese süßen Trauben, danke für diese schöne Zier.
Danke für deinen starken Glauben. Gott, wir danken dir.

Es war ein erhebendes Gefühl, als etwa 50 Kinder um den Altar herumstanden und begeistert ihr Lied sangen. Mit einem kräftigen Applaus wurden sie bedacht, und wahrscheinlich war es den Kleinen auch zu verdanken, dass Vater und Mutter, Opa und Oma, Onkel und Tante in dieses Gotteshaus gekommen waren. Sie alle wollten ihre Lieblinge hören.

Mich aber hat vor allem der Predigttext im Inneren bewegt. Ich kannte die Geschichte von der Witwe, die ihre letzte Habe in den Gotteskasten legte (Markus 12,41-44).

Alles gab sie für Gott hin. Sie überlegte nicht erst: Kann ich das überhaupt tun? Und was werde ich morgen essen? Nein, sie opferte ihre beiden Scherflein.

Natürlich hat mich nach dem Gottesdienst die Frage beschäftigt: Was tue ich für Gott? Was stelle ich für meinen Herrn zur Verfügung?

Wie sieht meine Hingabe aus? Diese Fragen ließen mich überhaupt nicht mehr los, zumal mir bewusst wurde, dass Gott ja auch alles für mich geopfert hat. Er gab seinen eigenen Sohn ans Kreuz, damit ich befreit werde und ein Leben in der Gemeinschaft mit Gott führen darf. Jesus ist das größte Opfer, das je in dieser Welt gebracht wurde, und es war ein freiwilliges, gern gegebenes Opfer, weil die Liebe des Vaters überwältigend war. Gott hat es nicht länger mitansehen können, wie wir Menschen, die er wunderbar geschaffen hat, in die Irre gingen und von ihrer Schuld erdrückt wurden. Sein Rettungsplan war gewaltig, indem er sein Liebstes für uns hingab.

Diese große Tat darf auch mich dazu anstiften und befähigen, mein Bestes zu geben. Mir stehen dabei auch Menschen vor Augen, die mir zum Vorbild geworden sind, indem sie alles für Gott in die Waagschale warfen. Ich werde an Gladys Aylward erinnert. Vielen ist sie durch das Buch „Eine unbegabte Frau“ bekannt geworden. Sie hatte nur ein Ziel vor Augen: Gott wollte sie dienen und für ihn allein da sein. Als sie von ihm in den Missionsdienst berufen wurde, ließ sie alle Bedenken hinter sich und machte sich auf, ihrer Berufung gehorsam zu werden. In London suchte sie eine Missionszentrale auf, die sie nach China zu den Heiden aussenden könnte. Aber als sie das Büro der China-Inlandmission betrat, erlebte sie eine herbe, ja schreckliche Enttäuschung. Die erste Frage, die der Direktor an sie richtete, lautete: „Fräulein Aylward, welchen Beruf haben Sie erlernt?“

„Keinen, Herr Direktor, ich war nur Hausmädchen.“ Da sie zudem auch noch klein und nicht besonders attraktiv aussah, lautete die Antwort des Direktors:

„Wir können Sie nicht nach China schicken. Wir brauchen befähigte junge Menschen für diese nicht leichte Aufgabe.“ Für Gladys brach in diesem Augenblick eine Welt zusammen: Gott hatte sie doch in den Dienst der Verkündigung nach China berufen, und die Missionsgesellschaft lehnte sie ab. Sie war todunglücklich, denn der Ruf Gottes war ihr ernst und brannte wie Feuer in ihrem Herzen. Alles wollte sie, wie die Witwe in unserer Geschichte, für Gott auf den Altar legen: ihre Jugend, ihre Kraft, ihr ganzes Leben. Was sollte sie nun tun?

Sie war verzweifelt, hielt aber an ihrer Berufung fest. „Wenn mich auch die Missionsgesellschaft ablehnt, dann werde ich eben auf eigene Faust nach China reisen", sagte sie sich. Sie ging in ein Reisebüro und wollte eine Flugreise buchen. Aber das Ticket war viel zu teuer. Auch eine Schiffsreise überstieg ihre finanziellen Möglichkeiten. Ihr blieb nur noch die Fahrt mit der Transsibirischen Eisenbahn. Obwohl gerade Krieg herrschte und es gefährlich war für eine junge Frau, durch dieses Gebiet zu fahren, ließ sie sich nicht abschrecken. Sie verdingte sich wieder als Hausmädchen und legte jeden Monat ihren Lohn zurück, bis sie das Fahrgeld zum Reisebüro bringen konnte. Sie vertraute sich auf diesem langen Weg Gott an und erreichte ihr Ziel.

In China sollte sie einer alten Missionarin helfen, eine Herberge für durchreisende Kaufleute einzurichten. Wenn diese Männer am Abend mit ihren Eseln in die Stadt einzogen, dann sollte Gladys den ersten Esel am Zaum packen und ihn in den Hof führen. All die anderen Tiere würden dann dem Leittier folgen. Aber das war für die zarte Gladys ein riskantes Unternehmen. Esel sind nämlich störrische Tiere. Der erste Esel spielte verrückt, stieß sie um und stieg über sie hinweg. Da lag sie hilflos im Staub und Dreck der Straße. Aber sie ließ sich nicht entmutigen und probierte es am andern Abend noch einmal. Wieder misslang ihr der Versuch, und der Esel stürzte sogar auf sie. „Bin ich denn in den Dienst meines Herrn getreten, um nun Eselstreiberin zu sein?", fragte sie sich resigniert. Erst beim dritten

Mal gelang ihr der Eselsfang. Sie führte ihn in den Hof, und alle anderen Tiere trotteten hinter ihm her.

In der Herberge war für die Kaufleute ein Essen gerichtet, und während des Mahls erzählte ihnen die Missionarin biblische Geschichten. Diese Männer nahmen das Wort Gottes auf wie ein trockener Schwamm das Wasser. Sie waren es auch, die das Evangelium mit ihren Waren zu den Bergvölkern brachten. So gelangte die Botschaft von Jesus in ferne Gebiete. Gladys lernte recht schnell die chinesische Sprache und konnte dann selbst zur Erzählerin der biblischen Geschichten werden.

Ihr schwerster Auftrag in China aber bestand darin, über hundert Kinder in der Zeit der Kriegshandlungen in Sicherheit zu bringen. Das Waisenhaus, in dem sie lebten, war von feindlichen Truppen bedroht. Willig stellte sie sich dieser Aufgabe, aber sie geriet dabei manchmal in eine fast aussichtslose Situation. Der Weg, den sie mit den Kindern hätte nehmen sollen, war schon unter kriegerischen Beschuss geraten. So blieb ihr nur die Möglichkeit, die Flucht über das Gebirge zu wagen. Das war für Gladys und ihre Kleinen eine starke Herausforderung. Es war kalt. Schnee war schon gefallen. Die Kinder hatten kein geeignetes Schuhwerk für den Aufstieg ins Gebirge. Tagelang dauerte dieser Fluchtweg. Die größeren Jungen trugen die Töpfe, und jedem Kind war ein Beutel mit Reis auf die Schulter gelegt. So konnte Gladys unterwegs ihren Kleinen eine warme Mahlzeit kochen. Einmal kamen sie an einen breiten Fluss. Aber wie sollten sie hier ans andere Ufer übersetzen? Weit und breit war kein Fährmann zu sehen. Da wollte Gladys mutlos werden. Nie und nimmer würde ihr die Überquerung gelingen. Das merkte ein kleines zwölfjähriges Mädchen und kam zu ihr. „Missionarin, du hast uns doch von Mose erzählt, wie er das Volk Gottes durch das Meer geführt hat und alle gerettet wurden."

Gladys antwortete: „Ja, das ist wahr, aber ich bin nicht Mose." Darauf erwiderte das Kind: „Aber Moses Gott ist auch dein Gott!"

Diese Worte beschämten sie zutiefst und machten sie betroffen. Sie warf sich zu Boden und schrie zu Gott, er möchte ihnen einen Ausweg bahnen. Als sie sich wieder erhob, entdeckte sie in einiger Entfernung einen Fährmann mit einem Boot, den sie zuvor nicht gesehen hatte. Er war bereit, sie mit allen Kindern sicher ans andere Ufer zu bringen. Es stimmte also, dass Moses Gott auch ihr Gott war und in gleicher Weise helfen konnte.

Das Vertrauen zum Vater im Himmel war durch diese Erfahrung neu gestärkt worden, und sie konnte die Kinder ermutigen, auch noch den Rest des Weges zurückzulegen, der der schwerste schien. So gelangten sie schließlich an ihr Ziel. Mit einem fröhlichen Lied auf den Lippen zogen sie in die Stadt ein, die ihnen von nun an Zuflucht bieten sollte. So erreichten sie das neue Waisenhaus. Und dann geschah etwas Sonderbares. Auf den Stufen des Heims stand kein anderer als der Direktor, der seinerzeit Gladys Aylward in London abgewiesen hatte.

Sie aber war bereit gewesen, Gott alles zu geben, und ihr Herr hatte sie nicht enttäuscht.

Kämpfen, aber wie?

„Zuletzt seid stark in dem Herrn und in der Macht seiner Stärke. Zieht an die Waffenrüstung Gottes, damit ihr bestehen könnt gegen die listigen Anschläge des Teufels. ...Vor allen Dingen aber ergreift den Schild des Glaubens, mit dem ihr auslöschen könnt alle feurigen Pfeile des Bösen, und nehmt den Helm des Heils und das Schwert des Geistes, welches ist das Wort Gottes“ (Epheser 6,10-11 und 16-17).

Gerade die Älteren unter uns, die um zwei Weltkriege und über 50 Millionen Tote wissen, befremdet dieser Text des Apostels beim ersten Hinhören. Angst überfällt uns, wenn von Waffenrüstung, Schild und Schwert die Rede ist. Kriegsgeschrei und Säbelrasseln klingen bedrohlich in unseren Ohren, und wir reagieren sensibel. Aber hier in unserem Text geht es nicht um Schlachten auf dem Kriegsschauplatz, sondern um den geistlichen Kampf gegen die Mächte des Bösen. Wir haben in unserem Leben oft mit Anfechtungen zu kämpfen und leiden unter den Angriffen des Teufels, der wie ein brüllender Löwe umhergeht und die Gotteskinder verschlingen will. Wie können wir in diesem Kampf bestehen und die Bedrohung abwehren?

Paulus will uns hier die geistliche Waffenrüstung aufzeigen, mit der wir den Sieg davontragen können. Er ermutigt uns: „Seid stark in dem Herrn!“ Dazu gibt er uns die geistliche Waffenrüstung an die Hand. Wir müssen nicht im Kampf unterliegen, sondern dürfen als Überwinder aus der Schlacht hervorgehen. Es gibt Menschen, die sich ängstlich fragen: Ist mein Glaube zu nichts nütze, dass ich so stark in schwere Herausforderungen gestellt werde? Dazu hat der bedeutende Theologe Adolf Schlatter gesagt: „Die Anfechtung stellt den Glauben nicht in Frage, sondern setzt ihn voraus." Deshalb müssen wir uns nicht mit dem Gedanken herumschlagen, dass unser Christsein nicht echt sei. Gerade die Bedrängnisse und Nöte, in die wir hineingeraten, sollen uns Mut machen: Wir sind mit Gott auf der rechten Spur. Wie singt der Liederdichter Heinrich Vogel?

Der Herr wird für dich streiten, du angstverstörtes Heer,
und seinen Weg bereiten dir mitten durch das Meer.
Das Eine und das Größte ließ er an dir geschehn,
der Gott, der dich erlöste, lässt dich nicht untergehn.

Warum willst du verzagen vor Feindes Übermacht,
als müsstest du nun schlagen mit deiner Kraft die Schlacht?
Und ob nicht Tod und Hölle dir unausweichlich droh'n,
er trat an deine Stelle, des Vaters ein'ger Sohn.

Mit seinem eignen Leben deckt er sein Eigentum,
du darfst dich ihm nur geben, er ist dein Heil und Ruhm!

Er ist der rechte Krieger in Gottes großer Schlacht,
Herr Christ, du bist der Sieger, dein Werk ist schon vollbracht!

Im vergangenen Jahr erlebte ich böse Tage, von denen

Paulus in unserem Text spricht. Ich hatte einen Obdachlosen bei uns aufgenommen, der bei Anbruch des Winters an unsere Tür klopfte. Im Wald habe er bisher gelebt und brauche nun dringend ein Dach über dem Kopf. Schon der letzte harte Winter im Freien habe ihn fast das Leben gekostet. Ich konnte diesen Mann nicht abweisen, sondern stellte ihm ein Zimmer zur Verfügung. Zunächst war der Fremde sehr dankbar. Aber als der Winter vorbei war, gab es Querelen im Haus. Er vertrug sich nicht mit seinem Mitbewohner nebenan und ließ die Musik bis gegen vier Uhr morgens laut spielen. Außerdem hämmerte und sägte er an Dingen herum, die er bastelte. Die Nacht wurde bei ihm zum Tage. Ich ermahnte ihn, er möge doch rücksichtsvoll sein. Darüber ärgerte er sich und plötzlich fand ich hässliche und böse Briefe im Postkasten. Er verfluchte und verdammte mich im Namen Jesu. Dazu verklagte er mich bei verschiedenen Ämtern. Er veranlasste auch, dass das Fernsehen vor unserem Haus stand und dann von seinem Zimmer und Bad Fotos machte. Das Bad sah auch wirklich schrecklich aus, obwohl es ein Neubau und erst zwei Monate von unserem Mieter in Betrieb genommen worden war. Es war total beschmutzt und mit Dreck beschmiert. Die Kacheln und die Fliesen auf dem Fußboden zeigten sich in einem neuen schwarzen Muster. Dass er es so hergerichtet hatte, das konnte ich ihm nicht nachweisen. Er behauptete, Viren, Bakterien und Schimmel würden seine Gesundheit gefährden.

Außerdem zeigte der Tippelbruder mich auch bei

der Polizei an. Dieser Mann versetzte mich mit seinen grundlosen Beschimpfungen und Verleumdungen stark in Anfechtungen. Ich bekam auch große Angst vor ihm, denn er war ein starker Mann, und seine Reden waren unflätig und obszön.

Zum Glück gingen alle Ämter nicht weiter auf seine Anschuldigungen ein. Auch die Anzeige bei der Staatsanwaltschaft und bei der Polizei wurde niedergeschlagen. Aber ich litt in dieser Zeit sehr. Was hätte ich da tun sollen? Ich flüchtete mich zu Gott und betete.

Auseinandersetzungen mied ich mit diesem Fremden, weil ich Angst vor ihm hatte, und ich kündigte ihm auch nicht. Aber die Bilder, die das Fernsehen wenige Tage später über mich ausstrahlte, haben mich doch sehr bekümmert. Mein Glaube an Gott wurde ins Lächerliche gezogen, und ich wurde als Heuchlerin beschuldigt.

Mein Name wurde in den Schmutz gezogen und eigentlich hätte ich um meinen guten Ruf kämpfen müssen, aber ich wählte einen anderen Weg. Ich wandte mich an Gott und klagte ihm all meine Not. Außerdem bat ich ihn, er möge es bewirken, dass der Obdachlose unser Haus wieder verlässt. Nach zwei Wochen zog er dann auch in einer Nacht- und Nebelaktion wieder aus.

In meinem Briefkasten fand ich noch ein bitterböses Schreiben und die Wohnungsschlüssel. Diesen Brief legte ich Gott vor und betete um inneren Frieden. Danach schwand meine Angst.

Ich hatte den Eindruck, dass es in dieser Auseinandersetzung wirklich mit teuflischen Mächten zuging. Aber Gott war der Stärkere. Luther hat in einem Lied über den Teufel gedichtet:

„Groß Macht und viel List sein grausam Rüstung ist.
Auf Erd ist nicht seinsgleichen."

Wie oft habe ich diese Strophe schon gesungen, aber nie an solch schlimme Auswirkungen in meinem Leben gedacht. Alles menschliche Bemühen hilft in solchen Fällen nicht weiter. Hier hilft nur die Stärke Gottes.

Der Philosoph Martin Heidegger hat folgenden Ausspruch geprägt: „Nur Gott kann uns retten!" Deshalb ist der Appell: „Seid stark in dem Herrn!" so wichtig für uns. Manchmal versuchen wir in unseren Anfechtungen mit menschlichen Waffen zu kämpfen.

Doch damit treffen wir ins Leere. Luther singt:

„Mit unsrer Macht ist nichts getan, wir sind gar bald verloren.

Es streit' für uns der rechte Mann, den Gott selbst hat erkoren."

Ein halbes Jahr später erschien ein anderer Dorfbewohner bei mir und beschwerte sich, dass dieser Tippelbruder bei ihm ein ähnliches böses Spiel betrieben habe.

Auch über ihn gingen hässliche Briefe bei den Behörden ein.

Was hilft uns?

Wir wollen Jesus für uns streiten lassen und stille vor ihm werden. Drei Teile der Waffenrüstung wollen uns dabei helfen. Da ist zunächst der Schild des Glaubens, dann das Schwert des Geistes und das Gebet. Mit dem Schild des Glaubens können wir die feurigen Pfeile auslöschen. Wir dürfen mit Gottes Möglichkeiten rechnen und nicht mit unseren.

Obama hat bei seiner Ernennung zum Präsidenten ausgerufen: „Yes, we can!“ Auch wir können laut, aber im Namen Gottes ausrufen: „Unser Herr kann!“ Dies habe ich schon bei meiner Geburt erfahren. Als geschwächtes Baby, das nicht atmen wollte, wurde ich geboren. Die Hebamme hielt mich schon für tot, wickelte mich in eine Windel und legte mich zur Seite. Sie kümmerte sich nur noch um meine Mutter. Dann kam mein Großvater ins Zimmer. Er beatmete mich, und ich fand wieder ins Leben zurück. „Gott kann!“

Das ist auch mein Bekenntnis. Noch am gleichen Abend erhielt ich die Nottaufe und fortan gewann ich neue Kräfte. Heute darf ich Verkündigerin des Evangeliums sein und Menschen ins Boot Jesu Christi ziehen. Er wollte, dass ich lebe. Immer wieder müssen wir uns ermutigen lassen: „Rede, Herr, ich höre auf dein Wort!“ In unseren Wohnzimmern sollte es keine verstaubten Bibeln geben. Das Evangelium will für uns zum Brunnquell lebendigen Wassers werden. Ein Vers ist mir zum Leitspruch geworden, wenn Zweifel, Sorgen und Ängste mich bedrücken wollen: „Die Anfechtung lehrt aufs Wort merken.“ Der Unglaube kann nur mit dem Schild des Glaubens überwunden werden. Dazu ein Beispiel: Eine Familie schickte mir die Geburtsanzeige ihres Kindes. Da dies nicht das erste Baby ist, wollte ich dem jungen Ehepaar eine Kinderbibel zur Geburt schicken. Mit der Zeit würde auch das Neugeborene herangewachsen sein, dass es mit seinen Geschwistern die biblischen Geschichten verstehen könnte. Zuvor aber wollte ich bei den Eltern anrufen und fragen, ob sie mit diesem Geschenk einverstanden wären, es könnte ja auch sein, dass sich in ihrem Haus schon eine Kinderbibel befindet. Nur der Großvater war am Apparat: „Frau Bormuth, Sie brauchen meinem Sohn und meiner Schwiegertochter keine Kinderbibel schicken. Sie würden sie doch nur in den Müll werfen. Es tut mir in der Seele weh, aber meine Kinder sagen mir ins Gesicht: ‚Wir sind Atheisten und mit all dem frommen Kram lasst uns in Ruhe.'" Dann legte der Großvater den Hörer auf. Ich war auch betrübt über diese Nachricht, denn ich kannte die junge Familie recht gut. Was mag sie wohl so aus der göttlichen Spur geworfen haben? Als Kinder gingen sie in die Sonntagsschule und später auch in einen christlichen Jugendkreis.

In meiner Bibel habe ich ein Lesezeichen mit einem Spruch von Casper ten Boom. Dort heißt es: „Wenn Jesus deine Hand ergreift, hält er dich fest. Wenn Jesus deine Hand festhält, führt er dich durchs Leben. Wenn Jesus dich durchs Leben führt, bringt er dich sicher nach Hause." Auf diese Spruchkarte schrieb ich den Namen des Neugeborenen. Ich beschloss in meiner morgendlichen „Stillen Zeit" für das Kindchen zu beten. Mit dem Gebet können wir dem Bösen und Widergöttlichen die Stirn bieten. In den Irrungen und Wirrungen unseres Lebens kann Gott doch noch seine göttliche Spur legen. So gefalle ich meinem Herrn, wenn ich alle meine Bedürfnisse ihm ans Herz lege. Das Gebet ist die stärkste Macht in unserem Dasein. Luther sagt in seinen Schriften: „Das Handwerk eines Christen ist das Gebet." Und an anderer Stelle heißt es von ihm: „Heute muss ich viel arbeiten, deshalb muss ich viel beten." In solchen Zeiten stand er noch früher auf als gewöhnlich. Es ist wahr, wenn es heißt:

„Die Hände, die zum Beten ruhn,
die macht er stark zur Tat.
Und was der Beter Hände tun,
geschieht nach seinem Rat."

Es gibt eine wunderschöne, lustige Geschichte von einem Juden mit Namen Samuel. Er steckte in einer tiefen Krise. Seinem Nachbarn Rosenbaum schuldete er 500 Dollar, die er am nächsten Tag zurückzahlen sollte. Aber seine Geschäfte hatten keinen Gewinn erbracht, und seine Kasse war leer geblieben. Nun lag er in seinem Bett, wälzte sich hin und her und grübelte: „Was nützt mir mein Vertrauen zu Gott, wenn ich jetzt meinen Nachbarn enttäuschen muss." An Schlaf war bei ihm nicht zu denken.

Seine Frau Ethel bemerkte den Kummer ihres Mannes und fragte: „Samuel, was ist mit dir los? Warum kannst du nicht zur Ruhe finden?" Dann erzählte er seiner Ethel: „Ich müsste morgen 500 Dollar an Rosenbaum zurückzahlen, aber ich weiß nicht, woher ich das Geld nehmen soll. Dieser Gedanke macht mich noch wahnsinnig und bekümmert mich maßlos."

Ethel war eine couragierte Frau. Sie ging in ihre Küche, öffnete das Fenster zum Nachbarn und schrie laut hinüber: „Rosenbaum, Rosenbaum! Hörst du mich? Mein Mann kann morgen das Geld nicht bezahlen. Die Kasse ist leer." Dann kehrte sie wieder ins Schlafzimmer zurück und beruhigte ihren Mann: „Samuel, leg dich jetzt ins Bett und schlaf endlich. Ich habe Rosenbaum erzählt, dass du das Geld nicht zahlen kannst. Quäl dich nicht länger, denn nun hat er das Problem am Hals und kann nicht schlafen."

Ich aber musste denken: Noch haben wir einen Gott, der weder schläft noch schlummert, sondern der sich unserer Nöte und Konflikte annimmt und Lösungen findet.

Ein liebenswerter Brief

Dieser Brief heute barg eine riesengroße Überraschung für mich. Ohne Absender erreichte er mich, und das war sicher so gewollt. In eine Spruchkarte eingewickelt lagen zwei hohe Geldscheine darin, und ich war froh, dass diese Postsendung auch wirklich ihr Ziel erreichte. Der Segensspruch lautete:

„Ich wünsche dir, dass Gott dich segnet und behütet.
Dass er sich dir in jedem Augenblick deines Lebens liebevoll zuwendet und dir gnädig ist.
Dass er dich seine Liebe und Fürsorge erfahren lässt und dir seinen Frieden schenkt.
Gott sagt: Ich will dich segnen, und du sollst ein Segen sein.“

Auf der leeren Seite schrieb die Tochter der Spenderin: „Liebe Frau Bormuth, viele Ihrer Bücher haben wir schon gelesen, stets mit großem innerem Gewinn. Für Ihren wertvollen seelsorgerlichen Dienst an den Menschen möchte meine Mutter – sie ist 88 Jahre alt – Ihnen gern beiliegendes Geld zukommen lassen. Wir wünschen Ihnen und Ihrer Familie Gottes reichen Segen.“

Natürlich war mir sofort klar, wofür ich dieses Geld nehmen werde. Weihnachten steht in nur wenigen Wochen vor der Tür, und am Heiligen Abend bevölkern mehr als 120 Gäste unseren festlich geschmückten Saal. Eine Gruppe von tüchtigen Mitarbeitern steht meinem Mann und mir zur Seite, und wir bereiten bedürftigen und einsamen Menschen ein wunderschönes Christfest. Von diesem Geld werde ich die 200 Würstchen kaufen, die unseren Besuchern gut schmecken werden. Aus mehreren Ländern kommen Flüchtlinge und Asylanten, Tippelbrüder und Einsame, Alte und Junge, Schwarze und Weiße zu uns in die Gemeinde, um mit uns das größte Ereignis der Weltgeschichte zu feiern: die Geburt des Gottessohnes; es bekümmert mich, dass viele Menschen überhaupt nicht wissen, warum wir Weihnachten feiern. In meinem Zeugnis werde ich es verkündigen: Christus, der Heiland der Welt, ist uns zum Heil geboren!

Es tut mir nur leid, dass ich meiner Wohltäterin nicht persönlich danken kann. Aber vielleicht liest sie diese Geschichte in meinem Buch und freut sich, dass ihre Gabe Fremde mit dem Evangelium beglückt. In diesem Jahr führt sogar der Chor ein Musical auf, das die Botschaft von der Geburt unseres Heilandes deutlich den Menschen ins Herz singen will.

Reicht es?

Schwester Marie war eine dynamische und mit vielen Gaben beschenkte Frau. Als junges Mädchen hörte sie die Botschaft von Jesus und war seinem Ruf in die Nachfolge gehorsam. Aber schon bald wurde ihr klar, dass sie vollzeitlich in den Dienst für Gott treten sollte. Sie wurde eine fröhliche Diakonisse. Ihre Ausstrahlung war wunderbar, und man spürte es ihr ab, dass sie mit dem Eintritt in das Mutterhaus Hebron in Marburg Gottes Berufung gerne erfüllte und nur von dem einen Wunsch beglückt war, wie sie andere Menschen ins Boot Christi ziehen könnte. Viele Jahre leitete sie das Freizeitheim Sonneck, in das vor allem junge Menschen einkehrten. In der Ferienzeit tummelten sich über 120 Schülerinnen auf dem Gelände.

Meine erste Begegnung mit Schwester Marie fiel in die Zeit, als ich in Marburg mit meinem Theologiestudium begann. Pfarrer Erich Schnepel gehörte zur Pfarrergebetsbruderschaft und hatte unseren Studentenbibelkreis zu einer Tagung in Sonneck eingeladen. Etwas erstaunt blickte mich Schwester Marie an, als ich sie fragte, wo denn der Vortrag der Pfarrer stattfinde. Sehr jung sah ich damals mit meinen Zöpfen aus, die ich in einem Kranz um den Kopf trug. Inmitten der ehrwürdigen Pfarrerschaft muss ich wohl wie eine Konfirmandin ausgesehen haben. Schwester Marie fragte mich gleich zweimal, ob ich denn wirklich zur Pfarrergebetstagung wolle. Aber sie gewährte mir Zugang und führte mich in den Saal, wo etwa 60 Geistliche sich im Wort der Bibel für ihre Aufgabe in der Gemeinde stärkten.

Später – ich hatte inzwischen einen Theologen geheiratet – lud sie mich öfter zu Frauenfreizeiten ein, bei denen ich die Bibelarbeiten halten durfte. Gern denke ich auch an meine erste Tagung für „Mutter und Kind“ zurück, die ich sogar über Jahre verantwortlich leitete. Mit elf Müttern und über zwanzig Kindern fingen wir an und im Lauf der Zeit wurden wir zu einer großen Schar mit über fünfzig Frauen und noch mehr Kindern. Vor allen Dingen wurden die Wochenenden gut besucht. Durch meine Vortragstätigkeit in Sonneck fühlte ich mich mit Schwester Marie eng verbunden.

Nun kam aber die Zeit für sie, dass sie in den Ruhestand verabschiedet wurde. Leicht fiel ihr diese Umstellung nicht. Tätige Arbeit für ihren Herrn Jesus, das war ihr Leben. Nun aber änderte sich ihr Tagesablauf. Doch sie blieb eine Diakonisse, die an allem Geschehen im Reich Gottes weiter interessiert war, und sie war eine vollmächtige Beterin. Der Gedanke, ob denn ihr Tun vor Gott Bestand habe, bewegte, ja ängstete sie zuweilen sehr.

Eine frühere Mitarbeiterin besuchte sie eines Tages in ihrem Altenstübchen. Schwester Marie saß in ihrem Sessel, schaute aus dem Fenster in die Weite und stellte ihrer Besucherin ängstlich die Frage: „Schwester Ellen, reicht es denn?“

„Nein, Schwester Marie, es reicht nicht“, war die Antwort ihrer Mitschwester. „All unser Tun kann uns nicht die Tür zur Herrlichkeit bei Gott öffnen. Unser Wirken ist und bleibt Stückwerk. Aber darin besteht unser Heil, dass Christus uns den Weg zu Gott in dieser Zeit und auch für alle Ewigkeit erschlossen hat. Schwester Marie, du und ich, wir verlassen uns auf die Aussagen, die in der Offenbarung stehen. Dort nimmt uns der Seher Johannes hinein in die wunderbare Verheißung für Gottes neue Welt:

‚Und ich sah einen neuen Himmel und eine neue Erde; denn der erste Himmel und die erste Erde sind vergangen, und das Meer ist nicht mehr. Und ich sah die heilige Stadt, das neue Jerusalem, von Gott aus dem Himmel herabkommen, bereitet wie eine geschmückte Braut für ihren Mann. Und ich hörte eine mächtige Stimme von dem Thron her, die sprach: Siehe da, die Hütte Gottes bei den Menschen! Und er wird bei ihnen wohnen, und sie werden sein Volk sein, und er selbst, Gott mit ihnen, wird ihr Gott sein. Und Gott wird abwischen alle Tränen von ihren Augen, und der Tod wird nicht mehr sein, noch Leid noch Geschrei noch Schmerz wird mehr sein; denn das Erste ist vergangen‘ (Offenbarung 21,1-4). Das ist Zukunftshoffnung für angefochtene Christen heute und morgen.“

Wenn die Fesseln klicken

Heute hat die Polizei schon zum dritten Mal an unserer Tür geklingelt und nach Manfred gefragt. Zweimal in diesem Monat hatten sie den jungen Mann nicht antreffen können, aber heute war er daheim und schlief pickelfest in seinem Bett. Ich ahnte nichts Gutes, musste aber den Ordnungshütern den Weg zu seinem Zimmer zeigen. Schon nach kurzer Zeit kamen die Polizisten die Treppe hoch. Manny, wie er von uns und seinen Freunden genannt wurde, hatten sie in ihre Mitte genommen.

Traurigen Blickes schaute mich der junge Bursche an, und der Polizist übergab mir seinen Schlüssel. Ich war über diesen Vorfall recht erschrocken und schaute etwas unverständlich drein. Als der Ordnungshüter meine Bestürzung sah, meinte er: „Frau Bormuth, in 20 Tagen wird der junge Mann wieder zu Ihnen ins Haus kommen. Einige Dinge müssen noch geklärt werden. Ich kenne die genaue Aktenlage nicht, aber länger wird sein Aufenthalt in der Haftanstalt nicht dauern." Erst jetzt entdeckte ich, dass Mannys Hände hinter seinem Rücken gefesselt waren. Dieses Bild werde ich wohl nicht so schnell aus meinem Gedächtnis löschen können. Mir tat dieser Anblick weh, und ich musste denken: Noch nicht einmal eine Fliege kann sich Manny aus dem Gesicht verjagen oder sich die Nase putzen.

Der Polizist erlaubte mir, noch einige Sätze mit unserem Mieter zu wechseln. „Manny, komm nur bald wieder zu uns. Wir warten auf dich. Was hast du nur angestellt? Aber nun blick nach vorne. Auch für dich wird es wieder ein Aufwärts geben. Das Kreis-Job-Center wird dir sicher wieder einen Arbeitsplatz zuweisen. Du bist gesund und kräftig, und es wäre gut, wenn du deine Ausbildung zu Ende bringen könntest."

„Ich werde mir Mühe geben, Frau Bormuth." Manny zog bei diesen Worten die Augenbrauen hoch. Konnte er in dieser misslichen Lage noch an sich selbst glauben? Ich wurde auch skeptisch, ob er wohl seinen Worten auch Taten folgen ließe.

Erst viel später, als Manny wieder aus dem Knast entlassen war, berichtete er mir aus seinem Leben. Offen erzählte er mir auch, warum er von der Polizei gesucht wurde. Wir haben ein langes Gespräch miteinander geführt. Er sagte mir Folgendes: „Frau Bormuth, ich hätte eine größere Anzahl Arbeitsstunden ableisten müssen, zu denen mich der Richter verurteilt hatte. In der Zeit, als ich vom Kreis-Job-Center Bezüge für meinen Lebensunterhalt bekam, habe ich zwischendurch schwarz gearbeitet. Hinzu kam, dass ich über mehrere Monate hinweg unrechtmäßig Kindergeld bezogen habe. Es waren über zweitausendfünfhundert Euro. Außerdem habe ich in den Großmärkten einige Lebensmittel mitgenommen, ohne sie an der Kasse zu bezahlen. Ich bin dabei erwischt worden und deshalb wurde ich vor Gericht gestellt. Eigentlich bin ich mit den Arbeitsstunden glimpflich davongekommen, aber ich war unwillig sie abzuleisten. Ein Bauer hatte mir die Möglichkeit gegeben, auf seinem Hof Schwarzarbeit zu leisten. Der Umgang mit den Pferden hat mir Spaß gemacht. Ich musste die Tiere füttern und die Ställe ausmisten. Außerdem durfte ich in meiner Freizeit reiten, was für mich ein Kindheitstraum war. Damit habe ich mir ein schönes Sümmchen Geld verdient. Aber das Sprichwort hat sich bei mir erfüllt: ‚Die Sonne bringt es an den Tag.' Nun hatte mich ein Richter dazu verknackt, fast 100 Stunden in einem Altenheim Dienst zu tun. Aber das Aufstehen am Morgen wurde mir zur Qual, und ich blieb in meinen weichen Federn liegen. Viel zu spät kam ich zu meinen alten Leuten. Arbeiten ist nicht so mein Ding. Ich sah es nicht ein, den Bettlägerigen die Urinflaschen zu leeren und die Bettpfannen wegzutragen. Nie und nimmer habe ich gedacht, wegen Arbeitsverweigerung ins Gefängnis wandern zu müssen. Der Knast war furchtbar für mich. Da wurde mir erst bewusst, was Freiheit bedeutet. Ich werde in Zukunft versuchen, pünktlich an der Arbeitsstelle zu sein, die mir vom Amt zugewiesen wird. Und vielleicht findet sich ein Job, der mir auch richtig Spaß macht."

„Manny, das ist der beste Entschluss, den du gefasst hast. Sieh zu, dass du auf dieser guten Spur bleibst."

Natürlich habe ich mich gefragt: Was geht in einem jungen, gesunden Menschen vor, dass er die Arbeit scheut und total verlottert? Manny ist doch nicht dumm. Das merkte ich schon daran, dass er ein guter Schachspieler war und auch sehr schnell und richtig rechnen konnte. Ob es wohl an seinem Elternhaus lag, dass er so arbeitsscheu und lustlos dem Leben gegenüberstand? Einmal in den fünf Jahren, seit Manny bei uns wohnt, hat ihn seine Mutter besucht. Ich war entsetzt, als ich ihr Schimpfen vernahm. Zwei Stunden blieb sie bei mir auf der Couch sitzen, aber sie verlor kein einziges gutes Wort über ihren Sohn. Im Grunde hatte sie ihn nicht akzeptiert. Sie beschwerte sich nur darüber, wie viel Last er ihr schon als kleines Kind aufgebürdet hätte. „Dieses Baby ist mir damals von meinem Freund angehängt worden. Ich wurde ungewollt schon mit 16 Jahren schwanger. Ich habe schon immer gewusst, dass aus solch einer Brut nichts Rechtes werden kann. Sein Vater ist ja auch ein Taugenichts und hat mich kurz nach der Geburt meines Kindes verlassen."

Ist es da nicht verständlich, wie schwer es ein Kind hat, einen guten Lebensweg zu finden? Nichts ist schlimmer, als ungeliebt zu sein und sich ein Leben lang wie ein Klotz am Bein der Mutter zu fühlen. Heute Morgen las ich in meiner Stillen Zeit ein ermutigendes Wort aus dem Propheten Jesaja und habe es mir auch gleich rot unterstrichen. Da heißt es: „Kann auch eine Frau ihres Kindleins vergessen, dass sie sich nicht erbarme über den Sohn ihres Leibes? Und ob sie desselben vergäße, so will ich doch dein nicht vergessen" (Jesaja 49,15). Das ist eine kraftvolle Zusage aus dem Mund unseres Gottes. Damit stellt er uns den Wert eines jeden Menschen vor Augen. So will auch ich für Manny die Hoffnung nicht aufgeben. Er muss nicht für immer bei den Losern landen. Auch er ist von Gott gewollt und geliebt. Beten will ich für unseren Freund und den Vater im Himmel bitten, dass er ihm nette, vernünftige Freunde und Helfer an seine Seite stellen möge. Er braucht gerade im Gefängnis Wärter, die ihn lieben, und Freunde, die ihm den Weg zu Jesus zeigen.

Beim Weggang hatte mir Manny durch den Polizisten die Schlüssel seiner Wohnung anvertraut und mich gebeten, die übrigen Essensreste und seinen Müll zu entsorgen. So ging ich in sein Zimmer und war doch sehr erschrocken über das Chaos, das ich vorfand. Zusammen mit meinem Mann machte ich mich an die Arbeit. Manny sollte wissen, dass wir ihm beistehen und ihm helfen wollten, aus seinem Desaster herauszukommen. Wir lüfteten seine Wohnung erst mal gründlich und schafften die verdorbenen Lebensmittel, die Zigarettenasche und jede Menge Werbeprospekte in die Mülltonnen. Die angebrannten Töpfe weichten wir über Nacht ein und säuberten sie dann gründlich. Ich beschloss: Morgen werde ich noch einen Stoß schmutziger Wäsche zu mir heraufholen und für saubere Socken, Hemden und Unterwäsche sorgen. Manny soll ein ordentliches Zimmer vorfinden, wenn er aus seiner Zelle wieder entlassen ist. Das wird ihn freuen.

Bei all meinem Tun orientiere ich mich an wunderbaren Vorbildern. Ich denke zum Beispiel an Mathilda Wrede, die die Mutter der Gefangenen genannt wurde.

In die schmutzigsten Gefängnisse ging sie, die reiche Tochter ihres Vaters. Sie besuchte die Sträflinge, kniete sich an ihren Pritschen nieder und betete mit ihnen. Manch einem Kranken reichte sie einen Becher frisches Wasser oder ein Stück Brot. Durch ihre Liebe fand sie Zugang zu ihren Herzen. Nie gab sie einen Menschen auf, der tief gefallen war. Keiner der Knastbrüder wagte es, ihr ein Leid anzutun. Sie wussten: Hier kommt eine Frau zu uns, die sich durch die Liebe Christi mit uns verbunden weiß und die uns ihre Hilfe anbietet.

Ich denke auch an die Mutter Monika. Sie litt schrecklich, als sie sah, in welchen Sumpf ihr Sohn geraten war. Augustin genoss das Leben in vollen Zügen und vergnügte sich bis tief in die Nacht mit Prostituierten. Sein Tun und Verhalten hätten ihr fast das Herz gebrochen. Viele Tränen weinte sie um ihren verlorenen Sohn. Einmal ging sie in ihrer großen Not zu ihrem Bischof. Sie brauchte in ihrem Elend Trost und Zuspruch, weil sie den Gram und Schmerz nicht mehr länger ertragen konnte. So saß sie vor ihrem Beichtvater, brachte aber vor Verzweiflung kein Wort über die Lippen. Nur Tränen flossen ihr in kleinen Rinnsalen über die Wangen. Schließlich sagte der Bischof, der ihre notvolle Situation kannte: „Geh, Monika! Geh! Ein Kind so vieler Tränen und Gebete kann nicht verloren gehen."

Es folgte noch eine längere schwere Zeit für Mutter Monika, dann aber griff Gott ein und rief ihren Sohn in seine Nachfolge. Wunderbar, ja einzigartig war seine Bekehrung. Augustin ließ sich von seinem Herrn

Christus auf eine gute, gottgewollte Spur bringen, und er wurde einer der bedeutendsten Theologen in der Alten Kirchengeschichte.

Ich weiß nicht, was aus dem Leben von Manny einmal wird, und das Bild von den klickenden Handschellen werde ich so schnell nicht aus meinem Gedächtnis streichen können. Aber beten will ich von Herzen für ihn und da, wo ich noch im Dunkeln tappe, hat Gott vielleicht schon ein helles Licht über Manny aufleuchten lassen. Auch im Gefängnis hat Gott seine Kinder und will sie zum Dienst an den Verlorenen gebrauchen.

Das chilenische Kind in der Grotte von Bethlehem

Ist das nicht wunderbar, dass Israel wie auch viele andere Länder die geretteten chilenischen Bergleute mit ihren Angehörigen zu einer Erholungsreise ins Heilige Land eingeladen hat? Diese 33 ehemals Verschütteten sollten für eine gewisse Zeit ihr schweres Erleben tief unter der Erde vergessen. Sie sollten durchatmen und sich neu freuen lernen, wenn sie auf den Spuren Jesu Christi gehen, der ihnen in ihrer Bedrängnis zum Retter dort unten in ihrem Gefängnis geworden war.

So legte einer der Männer, Richard Villarrod, seinen kleinen Sohn – er wurde nur wenige Tage nach der Befreiung seines Vaters geboren – an der Stelle ab, wo auch schon Maria nach der Geburt im Futtertrog für ihr göttliches Kind eine Schlafstätte geschaffen hatte. Der chilenische Bergarbeiter stieg ganz ohne Angst zu der Geburtsgrotte hinab, obwohl sie eng und mit vielen Menschen bevölkert war. Zum Hauptaltar dieser Geburtskirche trat er. Die Chilenen wollten jedes Fleckchen im Heiligen Land kennenlernen und ließen nichts aus, was ihnen die israelische Regierung an Sehenswürdigkeiten anbot.

So führte sie die Pilgerreise auch zur Klagemauer und ans Tote Meer. Überall, wo sie mit Reportern und mit der israelischen Bevölkerung in Kontakt kamen, erzählten sie von dem überwältigenden Wunder, das sie erlebt hatten. „Wir haben in den 69 Tagen unter der Erde viel gebetet. Unser Glaube war uns die beste Stütze. Jeden Morgen haben wir uns zur Andacht versammelt und dann unsere Tagesration von zwei Teelöffeln Thunfisch und einem halben Glas Milch zu uns genommen."

Von den Journalisten wurden sie umringt und immer wieder nach ihrem Ergehen gefragt. Einhellig bezeugten sie: „Gott wollte unsere Rettung, und ihm wollen wir von ganzem Herzen nachfolgen." So bedankten sich die Bergleute auch für die Gebete, die von Israel zu Gott geschickt wurden. Zutiefst empfanden sie es als ein besonderes Geschenk, dass sie die Heimat ihres Herrn Jesus Christus kennenlernen durften. Aus der Hölle hatte er sie gerettet und ans Licht gebracht. Um seine innige Liebe zu diesem Land auszudrücken, ließ Richard Villarrod seinen kleinen Sohn im Jordan taufen. Einige Chilenen, die an dieser Feier teilnahmen, bekräftigten neu: „Auch wir wollen Christus nachfolgen, unser altes Leben ohne Gott vergessen und in seiner Nähe bleiben unser Leben lang."

Erben, aber wie

Ein Beispiel von Erbstreitigkeiten steht mir vor Augen. In unserem Bekanntenkreis ist ganz plötzlich der Vater einer Familie an Herzinfarkt verstorben. Wir waren alle erschüttert, denn Peter war erst 61 Jahre alt. Für die Angehörigen braute sich ein Drama zusammen. Mein Mann und ich nahmen an der Beerdigung teil, und es wurden viele Tränen vergossen. Acht Tage später suchte ich Frau Merz (der Name ist geändert) noch einmal auf, um ihr Trost zu spenden. Völlig niedergeschlagen hockte sie in der Küche. Sie war zu keiner Arbeit fähig. Wie erstarrt war sie. „Nicht wahr, Frau Merz, es ist nur schwer zu verkraften, dass man das Liebste plötzlich hergeben muss. Der Tod reißt auseinander, was zusammengehört. Mir fehlen die Worte, um Ihnen mein Beileid auszusprechen. Aber ich wollte doch mal kurz bei Ihnen reinschauen und Ihnen ein paar Blümchen bringen."

„Ja, Frau Bormuth, mit dem Tod meines Mannes habe ich nicht gerechnet. Wir wollten in diesem Jahr auf der Insel Rügen Urlaub machen. Ich liebe die See. Aber daraus wird nun nichts. Mir ist so elend zumute. Noch nicht mal weinen kann ich. Und dabei ist die Trennung von Peter noch nicht einmal das Schlimmste. Was nach seinem Tod passiert ist, macht mich fertig, total fertig. Zwei Tage nach der Beerdigung kam meine

Tochter zu mir und behauptete: ‚Mutter, ein Viertel des Autos gehört jetzt mir. Und auch das obere Stockwerk des Hauses mit einem Teil des Gartens steht mir zu. Ich habe mich bei einem Anwalt erkundigt. Nach Papas Tod musst du mir mein Pflichtteil zukommen lassen. Außerdem hat mir Papa schon zu Lebzeiten unsere große Standuhr versprochen.‘

Als ich Erika sagte, dass ich im Augenblick nicht in der Lage sei, das Erbe zu verteilen, weil ich selbst das Auto brauche, um zur Arbeit zu fahren, wurde sie wütend und schrie mich an: ‚Mutter, ich bin enttäuscht von dir und deshalb ziehe ich jetzt zu meinem Freund.‘ Bei diesen Worten warf sie mir den Hausschlüssel vor die Füße und schlug die Tür zu. Gerade jetzt, wo ich Erika so dringend gebraucht hätte, lässt sie mich wegen des Erbes im Stich. Schrecklich sind diese Streitereien. Kaum ist mein Mann unter der Erde, und schon fliegen die Fetzen.“

Mich machte diese Begegnung mit Frau Merz sehr traurig und nachdenklich, und im Stillen fragte ich mich: Wie hätte diese entsetzliche Erbauseinandersetzung vermieden werden können? Eigentlich ist ja das Erbe etwas sehr Schönes. Es wird uns zugedacht, obwohl wir nie etwas dazu beigetragen haben. Es kann uns bei unserer Existenzgründung behilflich sein, wir können damit die Ausbildung unserer Kinder finanzieren und werden zudem noch von solchen Wohltaten überrascht.

Mein Mann und ich haben es uns nicht leicht gemacht

und haben lange über die Frage, wie das Erbe verteilt werden kann, nachgedacht. In unserem Alter rieselt nämlich der Sand schneller durch das Stundenglas, und die Mahnung der Bibel trifft uns: „Bestelle dein Haus!“ Da uns selbst von unseren Eltern vor Jahren ein größeres Erbe zugedacht wurde, haben wir es für unsere fünf Kinder bewahrt. Zunächst war es uns wichtig, auch von diesem Geld den Zehnten für das Reich Gottes zu verwenden. Dazu fordert uns der Prophet Maleachi auf, wenn er schreibt: „Bringet den Zehnten ganz in mein Kornhaus, auf dass in meinem Hause Speise sei, und prüfet mich hierin, spricht der Herr Zebaoth, ob ich euch nicht des Himmels Fenster auftun werde und Segen herabschütten die Fülle“ (Maleachi 3,10). Dann kauften wir uns ein Grundstück und bauten ein Haus darauf. Jedes der Kinder erhielt darin eine kleine Eigentumswohnung, die sie an Studenten vermieten konnten. So wurde ihr Haushaltsbudget etwas aufgebessert und die jungen Eltern hatten es leichter, für das Studium ihrer Kinder zu sorgen. Glücklich waren unsere fünf über diese Lösung und voller Freude planten sie ihre Neuerwerbung. Auch uns machte es Spaß, mit warmer Hand weiterzugeben, was wir von Gottes guter Hand völlig unverdient erhalten hatten. Ich denke, dass diese Art, das Erbe schon zu Lebzeiten auszuteilen, auch vor Streitereien unter den Nachkommen bewahrt.

Bis zum nächsten Jahr

Wieder einmal durften wir im Diakonissenhaus in Lemförde am Dümmer See einkehren und dort in dem Gästehaus eine Freizeit halten. Sie war mit über fünfzig Teilnehmern gut besucht, und darüber waren mein Mann und ich erfreut. Die gewaltige Botschaft des Jesaja beschäftigte uns. Noch immer begleiten mich die Worte des Propheten: „Tröstet, tröstet mein Volk!" In den Gesprächen mit den Gästen hörte ich von viel Leid und schweren Lebensführungen. So war es gut, dass uns ein kräftiger Strahl des Wortes Gottes von Betrübnis, Resignation und Traurigkeit befreite. Außerdem trug die fürsorgliche Betreuung durch die Diakonissen mit dazu bei, dass wir sehr verwöhnt wurden. Lemförde ist immer eine Reise wert. Bei unseren lieben Schwestern hätte ich es noch länger aushalten können. Mir war weh zumute, als wir nach einer Woche wieder unsere Koffer packten. Es war so ermutigend, mit dieser frohen Truppe von Alt und Jung Gottes Wort betrachten zu können.

Schon am ersten Tag trat eine ältere Dame mit einem Zettel in der Hand an den Büchertisch. „Diese Titel von Ihnen habe ich schon alle gelesen, Frau Bormuth. Könnten Sie mir Ihre Neuerscheinungen zusammenstellen? Ich brauche dringend weiteren Lesestoff. Wenn ich vorsichtig mit den Büchern umgehe, kann ich sie an meine Freunde später weitergeben. Im Übrigen ist es ja bis Weihnachten nicht mehr weit, da muss ich viele Päckchen packen." Es waren zwölf Bücher, die ich zu einem Stoß zusammen stellte. So fragte ich behutsam: „Wollen Sie diese Bücher wirklich alle kaufen? Mache ich Sie damit nicht ganz arm? Es muss Ihnen ja auch noch ein wenig Geld zum Leben bleiben."

„Ach, Frau Bormuth, wo denken Sie hin? Mir geht es finanziell nicht schlecht. Mein verstorbener Mann hat gut für mich gesorgt. Kleider und Schuhe kaufe ich mir nicht mehr, und Hüte und Regenschirme habe ich genug zu Hause herumstehen. Aber Bücher sind meine Welt. Von meiner Tochter werde ich bestens versorgt. So bleibt mir viel Zeit zum Lesen, und ich habe die Muße, mir das Leben von Bodelschwingh, Dostojewski, Paul Gerhardt und Bonhoeffer vor Augen zu malen. Außerdem interessieren mich auch Alltagsgeschichten von Menschen, wie Sie sie ja beschreiben. Mit Ihren Büchern kann ich noch andere Leser beglücken und sie auf Christus hinweisen."

Recht hatte die alte Dame. Auch ich selbst kann mich für Biografien begeistern, und jedes Jahr zu Weihnachten und zum Geburtstag schenken mir mein Mann und die Kinder wertvolle Lebensbeschreibungen von Männern und Frauen im Reich Gottes.

In Frau Köhler hatte ich eine wunderbare Gesprächspartnerin gefunden, und in den Pausen tauschten wir uns oft über literarische Neuerscheinungen aus. Diese ältere Dame saß bei den Andachten gleich rechts von mir in der ersten Reihe. Ich wunderte mich, wie viele Lieder sie auswendig singen konnte. Oft schlug sie das Liederbuch überhaupt nicht auf. Auch viele Psalmen, so erzählte sie mir, habe sie schon in der Konfirmandenzeit auswendig gelernt, und sie sei froh, dass sie sie bis ins hohe Alter nicht vergessen hatte. „Anfang des Jahres", so berichtete sie mir, „bin ich 105 Jahre alt geworden. Da ist es keine Selbstverständlichkeit, wenn man viele Texte der Bibel im Gedächtnis behalten hat. Gelernt ist gelernt." Hatte ich recht gehört? 105 Jahre alt sollte Frau Köhler sein? Ich war überrascht, wie rüstig und quicklebendig die alte Dame war. „Meine Tochter, sie ist ja erst 85 Jahre alt, begleitet mich immer auf meinen Reisen. Dafür bin ich ihr auch sehr dankbar. Im Auto ist eine Fahrt viel angenehmer. Müsste ich mit dem Zug fahren, dann bliebe mir das zweimalige, beschwerliche Umsteigen nicht erspart, obwohl mir die Bahnhofsmission sicher helfen würde."

Ich kam aus dem Staunen gar nicht mehr heraus. 105 Jahre, das ist mehr als ein Jahrhundert. Was hatte Frau Köhler alles erlebt! Zwei Weltkriege mit Flucht und Bombenalarm hat sie durchleiden müssen. In den Zwanziger Jahren hatten die Deutschen die Inflation zu ertragen. Sie hatte noch den deutschen Kaiser erlebt. Nach den schrecklichen Kriegen folgten dann Hunger und Kälteperioden. Nach 1945 waren die Kohlen knapp, und die Bevölkerung musste frieren. Viele Lebensmittel waren nur auf dem Schwarzmarkt zu haben.

Je länger ich mich mit der Lebensführung von Frau

Köhler befasste, desto größer wurde mein Staunen. Ja, es ist möglich, alt und sogar uralt zu werden, ohne verbittert zu sein. Das ist ein Gnadengeschenk. Als ich mich dann nach acht Tagen von dieser alten Dame verabschiedete, drückte sie mir fest die Hand. „Bis zum nächsten Jahr, Frau Bormuth, dann sehen wir uns wieder." Ich musste Frau Köhler in den Arm nehmen. „Ja, bis zum nächsten Mal", bekräftigte ich, „so der Herr will, und wir leben." Wird diese alte Christin im nächsten Jahr noch unter uns sein? Meine Zweifel sind wohl berechtigt, aber diese Frau lebt von dem Vertrauen: „Zuflucht ist bei dem alten Gott, und unter ihm sind ewige Arme."

Der Fleck auf dem Tischtuch

Neulich las ich eine nette Geschichte. Ein Fünfjähriger war zu einer Hochzeit geladen und sollte mit seinem Schwesterchen Blumen für das Brautpaar streuen. Nachdem der Hochzeitszug die Kirche verlassen hatte, gingen die Gäste in ein vornehmes Restaurant. Herrlich waren die Tische mit Blumen und Kerzen geschmückt. Kellner trugen die Speisen auf, und es gab mehrere Gänge. Solch leckere Sachen hatte Peterchen schon lange nicht mehr gegessen. Aber plötzlich fiel durch ein kleines Missgeschick sein Glas um, und der rote Traubensaft verteilte sich auf dem Tischtuch. Unglücklich blickte der kleine Bub auf das neue, hässliche Muster auf dem weißen Damast. Was sollte er jetzt tun? Der Fleck breitete sich mehr und mehr aus. Der Pastor, der dicht neben ihm saß, erkannte die missliche Lage des Kindes, sprang von seinem Stuhl auf und ging auf den verängstigten Knirps zu. Aus seiner Hosentasche holte er sein Portemonnaie und legte die Cent- und Eurostücke auf den verschütteten Saft. Alle Gäste schauten zu den beiden hinüber und amüsierten sich. Die Oma des Jungen tat noch ein Übriges. Auch sie packte das Kleingeld auf den Tisch, bis der rote Fleck vollkommen verschwunden war. Der kleine Kerl atmete erleichtert auf. Sein Malheur war aus der Welt geschafft. Außerdem band der Kellner nach dem Essen das klimpernde Geld später in eine Serviette und händigte es dem kleinen Gast aus. Ein Strahlen ging über sein Gesicht. Fröhlich erzählte er dann im Kindergarten: „Mein roter Fleck auf der Hochzeit hat mir 6,74 Euro eingebracht. Welch tolles Glück!" Das Geld wanderte zu Hause in seine Sparbüchse.

Ich kann das Bürschchen gut verstehen; denn mir war einmal Ähnliches passiert. Nur mit den Cents klappte es bei mir nicht. Ich war auf der Langensteinbacher Höhe bei Karlsruhe als Autorin eingeladen und sollte dort bei einer großen Frauenfreizeit eine Lesung halten. Beim Mittagessen saß ich ganz vorne am Rednertisch, wo auch einige prominente Persönlichkeiten Platz genommen hatten: der Leiter des Altpietistischen Gemeinschaftsverbandes, Prälat Scheffbuch, und der Vorsteher dieses Glaubenswerkes. Wie mir das Missgeschick passieren konnte, weiß ich gar nicht mehr. Jedenfalls landete ein Teil meiner Suppe auf dem weißen Tischtuch. Die beiden Herren neben mir sprangen auf, weil die Brühe auf den Fußboden zu fließen drohte. Zum Glück wurden ihre Anzüge nicht bekleckert. Mir war diese Situation sehr peinlich. In den Boden hätte ich versinken mögen. Aber die Hausdame kam mir zur Hilfe und breitete zwei neue Servietten auf dem Tisch aus, sodass bald nichts Schandbares mehr zu sehen war. Aber unangenehm war mir dieser Fauxpas doch, und es ist sicher verständlich, dass ich mich fortan nicht mehr so gern an einen Prominententisch setzen ließ.

Diese Geschichte von Peterchen gefiel mir. Zu Hause

habe ich dann in einer leeren, weißen Blumenvase eine Menge Kleingeld gesammelt. Bei unseren 15 Enkeln kann es durchaus möglich sein, dass einem Kleinen ein solches Missgeschick beim Essen passiert; denn wir haben in unserer Familie mindestens jeden Monat zwei Gründe zum Feiern, manchmal auch sechs. Dann kann ich den Enkeln ganz schnell aus der Patsche helfen und sie zudem noch beglücken. Bei uns zu Hause darf also gekleckert werden. Außerdem wird man noch belohnt.

Nun bin ich gespannt, in wessen strahlende Augen ich bald sehen werde. Erwachsene allerdings ausgenommen.

Die Begegnung an einem Grab

Heute war ich auf einer Beerdigung. Der Chef meines Mannes wurde zu Grabe getragen, der im hohen Alter von 85 Jahren verstorben war. Der Weg von der Kapelle bis zur Grabstätte war doch etwas weit für mich und steil dazu. Nach einer Hüftoperation hatte ich Mühe, dem langen Trauerzug zu folgen. So setzte ich mich auf eine Bank und wollte dort das Ende der Beerdigung abwarten. Eine Dame mit einer Gießkanne in der Hand kam in meine Nähe und trat an ein Grab. Länger blieb sie andächtig davor stehen, strich dann über die Grabplatte, führte die Hand zu einem Kuss an ihren Mund und berührte noch einmal den schwarzen Stein. Diese Wertschätzung für einen Toten hatte ich bisher noch nie beobachtet und sie bewegte mich. Die Frau muss diesen Menschen wohl sehr geliebt haben. Dann goss sie die Blumen und setzte sich anschließend zu mir auf die Bank. Sogleich begann sie ein Gespräch: „Es gibt so viel Ungerechtigkeit in dieser Welt. Ich kann sie nicht ertragen." Dabei flossen ihr einige Tränen über die Wangen.

„Ja, Sie haben recht", erwiderte ich. „Viele Fragen bleiben für uns offen und finden keine Lösung, auch wenn wir uns darum bemühen. Ist es Ihr Gatte, den Sie beweinen?"

„Ja, vor zwei Jahren ist er von mir gegangen. Und dabei

hätte ich ihn noch so nötig gebraucht. Er war ja noch so jung, erst 61 Jahre alt. Nach seiner Pensionierung aus dem Schuldienst hatten wir so viele Pläne. Reisen wollten wir um die halbe Welt, Menschen und fremde Kulturen kennenlernen. Und nun wurden alle unsere Wünsche mit einem Schlag durch seinen plötzlichen Tod zerstört. Es tut so weh. Warum musste gerade uns das passieren, da wir uns doch so sehr liebten. Schon im Sandkasten haben wir miteinander gespielt, gingen in die gleiche Klasse, lernten uns lieben und haben später geheiratet. Wir hätten noch so viele schöne Jahre vor uns gehabt, aber ganz plötzlich wurde alles anders. Das ist schrecklich und kaum auszuhalten."

„Ja, Sie haben recht. Der Tod reißt auseinander, was zusammengehört. Er fragt nicht nach Lieben und Geliebtwerden. Er ist so brutal. Kein Mensch kann Sie trösten. Allein Gott vermag dies zu tun. Für all unser Weh hat er Heilung durch seine wunderbare Zusage, dass der Tod nicht das Letzte ist, sondern nur Durchgang in ein neues Leben, in die Gemeinschaft mit Gott. Ich selbst bin Christ, und für mich liegt darin die Tröstung: Wir werden nicht im Tode bleiben, sondern dürfen, wenn wir an Jesus Christus glauben, einmal auferstehen wie er und in die neue Welt Gottes eingehen. Dort gibt es kein Leid, keine Tränen, keine Schmerzen, sondern nur Freude. Wir dürfen zu einem neuen, ewigen Leben erwachen. Das ist meine Hoffnung."

„Ich weiß nicht, ob Sie recht haben, aber eigentlich wäre es fatal, wenn mit dem Tode alles aus sein sollte.

Es muss noch etwas Größeres geben, sonst wäre unser Leben sinnlos."

„Ja, danach dürfen wir uns ausstrecken. Gott will uns in Jesus Christus die Hand reichen. Lesen Sie das Neue Testament und zu Ihrem Trost die Psalmen. Sie werden staunen, wie viel Kraft Ihnen durch das Wort von Gott zufließt."

Ich war überrascht, wie gerne sich die Dame mit mir unterhielt. Und sie erzählte mir aus früheren Tagen, wie viel Leid und Entbehrung sie schon hatte ertragen müssen. In Ostpreußen war sie geboren und in den Januartagen 1945 als kleines Mädchen mit ihrer Mutter geflohen. Die russische Armee war nach Deutschland eingedrungen, und die Flucht mitten im Winter war grauenvoll. Das Thermometer zeigte 24 Grad minus an. Glücklicherweise war der Kessel von den Sowjets noch nicht ganz geschlossen. So gelang es den Flüchtenden mit einem Lazarettzug über Berlin nach Hannover zu kommen. Nur wenige Tage später hätten sie nur noch übers Haff und dann mit einem Schiff nach Dänemark fliehen können. Der Vater blieb schwer verwundet zurück und wurde noch kurz vor Kriegsende von den Russen erschossen. Es folgte eine Reihe von Elendsjahren, in denen sich die Mutter mit ihrem Kind durchschlagen musste. In dieser Zeit waren die Hungersnot und Obdachlosigkeit entsetzlich. Für viele Millionen Menschen musste in Westdeutschland Unterkunft geschaffen werden, und es war eine enorme Leistung, dass dies gelang. Manchmal musste dies auch unter Einsatz von Polizei durchgeführt werden, wenn Bauern ihre Räumlichkeiten nicht mit Flüchtlingen teilen wollten.

Meine Besucherin war ins Erzählen gekommen, und ich konnte ihr nur beipflichten, denn ich weiß um mein eigenes Flüchtlingsschicksal, das ähnlich verlaufen ist. Aber dann sagte sie einen Satz, der es mir ermöglichte, mich wieder ins Gespräch einzuklinken. „Es ist nur schade, dass ich so wenig über meine Heimat weiß. Ostpreußen ist mir bisher fremd geblieben." So konnte ich ihr sagen: „Ich kenne Ihre Heimat auch nicht sehr gut, aber ich habe mich für dieses Land interessiert. Schon als Schülerin hat mich Ernst Wiechert fasziniert. Seine Bücher habe ich regelrecht verschlungen. Er wurde mein Abiturschriftsteller und hat mir zu einer guten Note in Deutsch verholfen. Seine Werke mit den wunderbaren Schilderungen der Masuren habe ich regelrecht aufgesogen wie ein trockener Schwamm das Wasser. ‚Missa sine Nomine', die namenlose Messe, ist wohl sein tiefgründigster Roman. Nie mehr habe ich ihn aus dem Gedächtnis verloren. Die hügelige Landschaft mit ihren bewaldeten Flächen und vielen Seen faszinierten mich, vor allem aber die Menschen. Wenn ich an Ostpreußen denke, dann höre ich die Frösche quaken, sehe die Schwäne und Wildenten auf dem Wasser schwimmen und freue mich an dem kleinen Paradies mit Rohrdommeln, Wildgänsen, Seeadlern, Blesshühnern und Kormoranen. Ich habe sogar ein Buch über Ostpreußen und seine Menschen auf der

Flucht geschrieben. Wenn es Ihnen recht ist, schicke ich es Ihnen zu."

„O ja, das würde mich sehr freuen. Ich gebe Ihnen meine Adresse." Für mich war nun der Augenblick des Aufbruchs gekommen, denn ich sah, wie die Trauergemeinde die Grabstätte verließ. So reichte ich meiner Gesprächspartnerin die Hand und verabschiedete mich von ihr mit den Worten: „Gott segne Sie! Wenn ich zu Hause bin, werde ich ein Gebet für Sie sprechen."

Sie drückte mir die Hand mit den Worten: „Danke, danke! Sie haben mich ein Stück weit an diesem Morgen aufgeheitert. Ich freue mich schon auf Ihr Buch." Wird diese Trauernde den Trost Christi erfassen können?

Die Frage der Quote

Heiß waren die Diskussionen zu diesem Thema: Wie kann man die Zahl der Frauen, die in die oberen Chefetagen einziehen, steigern?“ In Banken, großen Unternehmen und auf politischem Gebiet findet man nur wenige Frauen in Führungspositionen. Woran liegt das? Verwehrt man dem weiblichen Geschlecht die Aufstiegschancen? Sollen diese attraktiven Aufgaben allein den Männern vorbehalten bleiben? Die Wogen schlugen bei diesen Debatten hoch. In der Frankfurter Allgemeinen Zeitung fand ich folgende Kurznotiz dazu: „Frauen ziehen Teilzeitbeschäftigung vor. Frankfurt 22. Februar 2011. Die von der Bundesregierung angestoßene Debatte über eine Frauenquote in Führungspositionen geht an der gesellschaftlichen Wirklichkeit vorbei. 59 Prozent der Frauen würden sich in der Rolle einer Mutter mit Teilzeitbeschäftigung am wohlsten fühlen, nur 18 Prozent hätten das Ziel, eine voll berufstätige Mutter zu sein. Das ergab eine Untersuchung des Instituts für Demoskopie Allensbach im Auftrag dieser Zeitung.“

Auch mich interessierte dieses Thema, und ich habe bis weit nach Mitternacht darüber nachdenken müssen. Ich bin keine Quotenfrau und habe auch nie das Bestreben gehabt, eine solche zu werden. So fragte ich mich zu Recht: Lotte, was hast du aus deinem Leben gemacht? Welches Ziel hast du verfolgt und was hast du erreicht? Die Karriereleiter bin ich nicht hinaufgestiegen, aber das war auch nie mein Bestreben. Ich bin noch aufgewachsen nach dem alten Vorbild für Mütter: Kinder, Küche, Kirche. Mit meinen fünf Sprösslingen und meiner ehrenamtlichen Tätigkeit in der Telefonseelsorge war ich auch vollständig ausgelastet. Nur manchmal kam ich ins Grübeln, wenn Frauen über Renten diskutierten und sie dann entsetzt fragten: „Haben Sie denn nie gearbeitet?"

Faul war ich nicht, aber ich habe keinen Anspruch auf Rentenbezüge, denn ich habe ja auch nie einen Cent in die Rentenkasse eingezahlt. Ich erhalte nur für meine Kinder und für die Pflege meiner schwerkranken Mutter und Schwiegermutter monatlich einen kleinen Betrag. Das ist mein Zuverdienst zum Gehalt meines Mannes, und darauf bin ich sogar ein wenig stolz. Ich leide keine Not und werde von meinem Mann bestens versorgt. Früher war eben alles anders, und gerade in Westdeutschland haben nur wenige Frauen einen Beruf ausgeübt. Heute hat sich die Situation auch bei uns geändert. Die meisten Frauen gehen wenigstens einer Teilzeittätigkeit nach. In den meisten Fällen sind auch zwei Gehälter nötig, um den Unterhalt einer Familie zu sichern. Viele Frauen aber sind mit dieser Doppelbelastung als Hausfrau und Berufstätige stark herausgefordert, vor allen Dingen, wenn sie von keiner Seite Unterstützung bei der Kindererziehung erhalten können. Erziehung ist eine der schwierigsten Aufgaben in unserer Zeit. Manchen Frauen, die Kinderwünsche haben, werden enorm hohe Lasten aufgebürdet. Wer Kinder hat, weiß, wie stark vor allen Dingen Mütter in dieser Aufgabe gefordert sind. Ich zeige Verständnis für sie und leide auch ein Stück weit mit ihnen, wenn sie zu mir sagen: „Ich muss eine Tätigkeit anstreben. Mein Mann ist kein Großverdiener, und die Kinder kosten viel Geld. Allein für die Miete müssen wir mehr als 600 Euro monatlich aufbringen." Andere klagen: „Mir fällt zu Hause die Decke auf den Kopf. Immer nur am Herd stehen, mit dem Putzeimer in der Hand durch die Zimmer springen, Berge von Wäsche jede Woche bewältigen und dann noch die Kinder am Rockzipfel herumhängen zu haben, das ist mir zu viel."

Natürlich bedeutet der Beruf einer Mutter auch viel Plackerei, und oft bin ich früher nach nur wenigen Minuten bei der Tagesschau um 20 Uhr eingeschlafen. So müde war ich. Mein Mann musste mich dann wecken, damit ich in mein Bett kam. Aber das ist nur die eine Seite der Medaille. Es gibt auch die andere, die strahlendere. Ich jedenfalls bin sehr glücklich darüber, dass ich keine Quotenfrau geworden bin. Zutiefst dankbar und fröhlich bin ich nach dieser scharfen Diskussion im Fernsehen über meine Lebensführung geworden. Reich war sie, sehr reich sogar.

Schon gleich zu Beginn meiner Ehe mit einem gesunden Kind beglückt zu werden, hat mich in Staunen versetzt. Als mir die Hebamme kurz nach der Geburt Anne-Ruth in die Arme legte, war ich begeistert von meinem Lockenköpfchen. „Karl Heinz, wir haben ein wunderschönes Töchterchen, aber die Geburt war furchtbar. Nie wieder will ich ein Kind." 15 Monate später ist dann Gottfried geboren. So schnell vergisst man als Mutter die Wehenschmerzen. Immer ist das Wunder größer als die Qual. Und nach Gottfried folgten noch drei Söhne.

Auf der Wöchnerinnenstation machten sich die Säuglingsschwestern ein Vergnügen damit, Anne-Ruth mit einer Tolle zu frisieren. Mein kleiner Schatz ließ das auch mit seinen vielen schwarzen Locken zu. Das Kind war kräftig und trank gut. Neben mir lag Frau Bamberger. Ihr Baby schlief immer schon nach kurzer Zeit an ihrer Brust ein und hatte dann nicht genügend Nahrung zu sich genommen. Darüber war die Mutter natürlich sehr traurig. Aber sie tröstete sich damit, dass sie zu Hause auf dem Hof eine große Viehherde habe. „Warte nur, Annettchen, wenn wir nach Leidenhofen kommen, dann werde ich dich schon satt kriegen. 25 Kühe stehen im Stall. Sie geben genug Milch. Du wirst nie Hunger leiden müssen. Dann nehme ich mir auch viel Zeit, um dich zu füttern, und muss dich nicht schon nach 20 Minuten den Schwestern zurückgeben. Du kannst dann eine Stunde dein Fläschchen trinken und auch zwei."

Darüber habe ich natürlich ein wenig schmunzeln müssen. Als ich dann nach neun Tagen mit meinem Baby im Arm das Krankenhaus verlassen konnte, wurde ich zu Hause unter großem Jubel empfangen. Auch die Frauen unserer Gemeinde beschenkten mich reich. Jäckchen, Mützchen, Strampler lagen auf unserem Wohnzimmertisch. Wie gern wäre ich mit meinem Kind auch am Nachmittag spazieren gefahren und hätte allen Bekannten zugerufen: „Schaut nur, welch schönes Baby wir haben!" Aber leider fehlte uns in unserer jungen Ehe das Geld für einen Kinderwagen. Erst einige Monate später, als mein Mann sein Lehrerdiplom in der Tasche hatte, kauften wir uns von unserem ersten Gehalt einen wunderschönen, hellblauen Kinderwagen, in dem unsere vier ältesten Sprösslinge durch die Gegend gefahren wurden.

Nein, eine Karriere im Beruf war mir nicht beschieden, und dieser Zug ist auch schon lange abgefahren. Solche Gedanken beschäftigen mich nicht mehr. Aber in meinem Stand als Mutter bin ich sehr zufrieden geworden. Mit keiner Königin auf dem Thron hätte ich tauschen mögen gegen dieses Geschenk, wunderbare Kinder im Arm zu halten. Ich erlebte eine total ausgefüllte Zeit. Unsere ersten vier wurden in nur kurzen Abständen geboren. Und 14 Jahre nach meiner ersten Geburt erblickte noch ein Nachkömmling das Licht der Welt. Das war uns eine besondere Zugabe unseres Gottes. Schon Wochen zuvor hatte ich die rote Wiege ins Wohnzimmer gestellt. Einen anderen Platz hatten wir nicht. Mit weißem Leinen hatte ich sie ausgeschlagen. Rote Marienkäferchen zierten den Himmel über dem Babybettchen. Mir dauerte das Warten auf mein Kind viel zu lange. Als dann Daniel das Licht der

Welt erblickte, war das Hurra zu Hause groß. Noch zu nachtschlafender Zeit riefen unsere beiden Großen Oma und Opa und auch sonst alle Verwandten an, sodass meine Eltern schon erschrocken waren und dachten, ein Unglück sei passiert. „Wir haben einen Bruder, einen süßen, kleinen Bruder! Morgen dürfen wir ihn im Krankenhaus sehen. Papa nimmt uns mit." Gottfried war so begeistert, dass er das Baby mit in die Schule nehmen und es seinen Klassenkameraden und Lehrern zeigen wollte. Aber diese Bitte konnte ich ihm natürlich nicht erfüllen. Zu Hause reichten die Vasen für die vielen Sträuße nicht aus, die mir Freunde und Nachbarn brachten. Unser Wohnzimmer glich einem Blumenladen.

Zur Taufe hatte der Pfarrer den Spruch gewählt, der über dem Leben von Johannes dem Täufer stand: „Was soll aus diesem Kindlein werden?" (Lukas 1,66). Daniel ist Pfarrer geworden und hat den Beruf eines Seelsorgers gewählt. Nun darf er als ein Hirte seinen drei Gemeinden treu dienen.

Ich habe mit meinen Kindern immer viel gesungen und ihnen jeden Tag eine biblische Geschichte erzählt. So wuchsen sie mit dem göttlichen Wort auf und verinnerlichten es auch. Als unser drittes Kind geboren wurden, bedrängten uns unsere beiden Großen: „Mama, ihr müsst unserem Baby den Namen Samuel geben. Er soll ein guter Diener Gottes werden. Und dann bringen wir ihn auch in den Tempel, wie seine Mutter Hanna dies getan hat, und besuchen ihn jedes Jahr und bringen ihm jedes Mal ein neues Kleidchen mit, jedes Jahr ein bisschen größer." Natürlich war die Enttäuschung groß, als wir unserem Sohn den Namen Matthias gaben.

Je länger ich über mein Dasein nachdenke, desto fröhlicher werde ich. Ja, an manchem Abend münden meine Sinne in ein Dankgebet zu Gott ein. Viele Lieder habe ich mit meinen Kindern auswendig gelernt. Besonders Anne-Ruth hatte eine klangvolle, wunderbare Stimme und lernte schnell die Strophen auswendig. Mit fünf Jahren mussten wir sie eines Tages ins Krankenhaus bringen. Sie wurde am Hals operiert. Ein Knoten musste entfernt werden. Als es ihr nach der Operation besser ging, hat sie ihre Mitpatienten mit Liedern erfreut. Die Tür zu ihrem Zimmer hatten die Krankenschwestern einen Spalt weit offen gelassen, und manchmal fand sich ein kleiner Trupp von Kranken vor der Tür zusammen, um ihrem Gesang zu lauschen. Als das Kind dann gesund war und wir es nach Hause holen wollten, sagte eine Patientin zu mir: „Warum entführen Sie unsere kleine Nachtigall? Sie hat uns viel Freude bereitet und wird uns nun sehr fehlen."

Gewiss, manchen Verdruss musste ich auch mit meinen Kindern hinnehmen. Es waren nicht alle Tage heiter und schön. Zum Muttertag stand Anne-Ruth einmal mit einem großen Strauß von Erdbeerblüten vor mir und sagte mir ihr Gedicht auf: „Alle Blumen, die ich fand, leg ich, Mutter, in deine liebende Hand." Ich hätte losheulen mögen, aber ich durfte mir ja nichts anmerken lassen. Die Dreijährige wollte mir doch nur eine Freude machen. Aber von Erdbeerfrüchten konnte ich nur träumen.

Gottfried wollte mich einmal überraschen und putzte die Schuhe. Dabei hatte er die teure Salbe verschwendet, die auf meinem Nachttisch stand. Das schwarze Leder strahlte mir weiß entgegen, und auch der Fußboden war mit Flecken übersät. „Mama, ich habe dir doch toll geholfen“, kam er mir entgegen, „du kannst doch sonst deine Arbeit gar nicht mehr schaffen.“ Wieder musste ich mir ein Lachen abzwingen; denn hernach hatte ich Mühe, bis ich die weiße Creme wieder von den Stiefeln und Fliesen abgewischt hatte.

Wenn die beiden Ältesten zusammen in der Wanne saßen, spielten sie oft die biblischen Geschichten nach. Ich hörte dann, wie sie riefen: „Der Sturm bricht los. Er ist gewaltig und wird stärker. Die Wellen gehen hoch und die Jünger schreien verzweifelt: ‚Herr, hilf uns, wir verderben.‘“ Dass dabei das Badewasser über den Rand hinweg schwappte und die weißen Platten in einen kleinen See Genezareth verwandelten, muss ich nicht erwähnen. Für anschließende Putzarbeit war gesorgt. Aber dafür war auch mein Bad hernach strahlend rein.

Als mein Vater starb und sein Sarg vom Haus abgeholt wurde, jubelte unser kleiner Daniel: „Mama, der Opa hat aber so ein schönes Särglein. So ein Särglein will ich auch haben mit so vielen bunten Blumen darauf.“ Ich drückte den Dreijährigen fest an mich und wischte mir die Tränen von den Wangen.

Großen Wert habe ich immer auf die Schularbeiten gelegt. Jedes Kind saß in einem anderen Raum: in der Küche, im Schlafzimmer, im Büro meines Mannes und im Kinderzimmer. In Ruhe sollten sie arbeiten können. An die Haustür heftete ich einen Zettel mit der Aufschrift: „Bitte nicht läuten! Die Tür steht offen!" Gottfried wäre sicher schon beim ersten Klingelton die Treppe hinuntergestürzt, um zu sehen, ob seine Freunde schon da seien. Die Spielkameraden mussten immer im Garten warten, und erst wenn die Mathematikarbeiten erledigt, die Lateinvokabeln gelernt und der Aufsatz geschrieben war, durften unsere fünf zu ihren Freunden zum Spielen raus. Dann war das Hallo groß. Für mich war die Schulaufgabenbetreuung Schwerstarbeit. Ich musste dabei sehr konsequent und energisch sein. Drei unserer Kinder waren willig, aber bei zweien war es fast zum Haareraufen, wenn im Diktat wieder so viele Fehler rot angestrichen waren, oder in der Lateinarbeit Präsens mit Imperfekt und Plural mit Singular verwechselt waren.

Leicht ist es mir nie gefallen, wenn unsere Kinder Schwierigkeiten mit ihren Lehrern hatten, und ich diese ausräumen musste. Zwei oder dreimal habe ich mich dann auf den Weg in die Schule gemacht, um für das Recht meiner Kinder einzutreten. Ich musste regelrecht um meine Kinder kämpfen. Und eine Löwin wedelt ja auch nicht nur mit dem Schwanz, wenn sie ihre Jungen verteidigt. Ich weiß um Gespräche, die äußerst schwierig waren. Aber wenn ich bei den Pädagogen Verständnis für die Situation meiner Kinder erwirken konnte, war ich zufrieden.

Doch ein Gutes hatte der Einsatz für mein kleines Volk auch für mich. Er erinnerte mich an meine eigene Schulzeit, und ich habe neu auftanken können, wenn ich mit ihnen Geschichte, Biologie, Englisch oder Französisch lernte. Englisch hat mir so viel Spaß bereitet, dass ich mir sogar die Literatur von Hemingway, Steinbeck und Somerset Maugham besorgte und bis in die Nächte hinein darin las. So wurde ich zum Autodidakt und habe später selbst viele Bücher aus dem Englischen ins Deutsche übersetzt. Dass ich Jahre danach selbst Autorin wurde, verdanke ich sicher auch meinen Kindern. Mit ihnen habe ich das Schreiben von Aufsätzen intensiv geübt. Die Themen waren sehr vielseitig. Zum Beispiel: „Viehzucht in Hessen", „Musik ist meine Welt", „Weihnachten mit einem Kriminellen zu Gast" oder „Was muss ein guter Fußballspieler unbedingt beachten". An einen Aufsatz denke ich noch gerne. Er wurde sogar mit einer Eins bewertet und hatte den Titel: „Wie begegne ich einem Obdachlosen".

Quotenfrau bin ich nicht geworden, das habe ich ja schon mehrmals betont, aber die Arbeit als Hausfrau hat mich nicht zu einem Heimchen am Herd gemacht. Minderwertigkeitsgefühle haben mich nie geplagt. Mir ist eine Wahrheit in meinem Leben sehr wichtig. Sie findet sich in dem Ausspruch der Bibel wieder: „Alles, was ihr tut, das tut von Herzen als dem Herrn und nicht den Menschen." Ich weiß mich mit meinem Tun in Gottes Hand und ihm zu Gefallen und zu seiner Ehre will ich leben.

So sitze ich zum Beispiel fast eine ganze Nacht am Bett meines Sohnes, weil ihn der Keuchhusten fast ersticken lässt. Ich grabe meinen Garten um und freue mich am herrlichen Gemüse, das ich im Herbst ernten werde. Jeden Samstag backe ich drei große Bleche Obst- oder Käsekuchen. Ich koche große Töpfe Hühnersuppe und fertige die Nudeln selbst an. Vor allen Dingen fordern mich die Berge von Wäsche heraus, die ich zweimal in der Woche bewältigen muss. Aber für meinen Herrn die Hausarbeit zu bewältigen und dazu noch fröhlich meine Kinder in Empfang zu nehmen, wenn sie aus der Schule kommen, das ist eine hohe Motivation für mein Tun. Martin Luther hat diese Wahrheit in kraftvolle Worte gebracht: „Die Magd, die den Stall ausfegt und dies im Glauben an Christus tut, vollbringt einen größeren Gottesdienst als der heilige Antonius in der Wüste.“ Ich denke, damit hat er vielen Müttern aus dem Herzen gesprochen, die in mühevoller Kleinarbeit darum ringen, eine heranwachsende Generation für die Herausforderungen des Lebens tüchtig zu machen.

Was unsere Welt heute braucht, sind Menschen, die bereit sind, Verantwortung für ihr Leben und das ihres Nächsten zu übernehmen. Tüchtig sollen sie werden. So habe ich meine Kinder vom Morgen bis zum Abend begleitet, ihnen manche Tränen aus den Augen gewischt und ihnen immer wieder zu verstehen gegeben, wie wertvoll sie mir sind. Ich war auch am Morgen immer die Erste, die aus den Federn kroch, um ihnen das Frühstück zu bereiten. Mir klingt noch ein Satz von Philipp, einem Klassenkameraden unserer Tochter, in den Ohren: „Bei uns zu Hause ist es so ganz anders als bei euch. Meine Mama steht morgens nicht immer auf. Das finde ich blöd. Wenn ich allein in die Küche komme, liegt oft ein Zettel auf dem Tisch: Milch ist im Topf, Käse und Wurst findest du im Kühlschrank: Mach dir deine Schulbrote selbst! Ich bin noch so müde. Wenn du gehst, vergiss den Turnbeutel nicht und wirf die Tür nicht so laut ins Schloss! Tschüss!"

Mir war es auch immer wichtig, meine Kinder liebevoll zu verabschieden und ihnen, als sie noch klein waren, einen Kuss auf die Wange zu drücken. Wenn sie eine Reise mit der Bahn oder mit dem Bus oder gar mit dem Flugzeug vor sich hatten, begleiteten sie meine Gebete auf ihrer Fahrt. Verließen sie morgens das Haus und machten sich zur Schule auf, dann schaute ich ihnen immer noch nach, ob sie auch nichts vergessen hatten. Mit einem leichten Schlag auf die Schulter verabschiedete ich meine Großen und winkte ihnen nach, bis sie um die Wegbiegung verschwunden waren.

Daniel, unser Nachkömmling, war ein besonders ängstliches Kind. Ihm legte ich meine Hand auf sein Köpfchen und sprach ihm vor seinem Gang in die Schule zu: „Der Herr Jesus segne dich und behüte dich. Er lasse sein Angesicht freundlich über dir leuchten." Unter diesem Geleit zog der Erstklässler fröhlich los. Einmal war meine Mutter zu uns gekommen, um mich zu vertreten. Für ein paar Tage lag ich in der Klinik. Da druckste Daniel am Morgen auf dem Flur herum. Seine Freunde riefen schon auf der Straße: „Nun beeil dich, Daniel! Wir kommen sonst noch zu spät!“ Auch meine Mutter drängte: „Nimm schon mal den Ranzen und den Turnbeutel und dann renn los!“ Aber das Kind blieb vor seiner Oma stehen, nahm ihre Hand in die seine, legte sie auf sein Köpfchen und sagte mit flehendem Blick: „Oma, erst beten, dann gehe ich.“ Meine Mutter war sehr bewegt.

Sollte ich bei so viel Glück, das ich erlebe, nicht froh und dankbar sein? Aber ich weiß auch um viel Versagen, und das schmerzt mich dann. Aber ich kenne ja meinen Herrn und Jesus ist mein bester Freund. Bei ihm darf ich meine Schuld bekennen und Vergebung erlangen. Darin liegt mein Heil und ich bleibe weiter eine fröhliche Kindermutter.

Autorenadresse:
Lotte Bormuth
Sperberweg 8a
35043 Marburg
Telefon 06421/41347